Fun! Fun! Korean

재미있는
한국어

①

고려대학교 한국어문화교육센터 지음

교보문고

Written by Korean Language & Culture Center,
            Institute of Foreign Language Studies, Korea University
Published by KYOBO Book Centre
Designed by Gabwoo
Illustrated by Soh, Yong Hoon

KYOBO Book Centre CO., Ltd
1, Jongro 1-ga
Jongro-Gu, Seoul 110-121 Korea
Tel: 82-2-3156-3681
Fax: 82-502-987-5725
Http://www.kyobobook.co.kr

Fun! Fun! Korean

재미있는
한국어
①

한국어는 사용 인구면에서 세계 10대 언어에 속하는 주요 언어로, 지금도 많은 사람들이 세계 곳곳에서 한국어를 배우고 있습니다. 이러한 한국어 학습 열기는 국제 사회에서 한국의 위상이 높아짐에 따라 앞으로 더욱 뜨거워질 것으로 전망합니다.

고려대학교 한국어문화교육센터는 설립 이래 20여 년간 다양한 학습자를 대상으로 한국어와 한국 문화를 교육해 왔으며, 체계적이고 효율적인 교수 방법으로 세계적으로 정평이 나 있습니다. 그리고 그동안 학습자에 따른 맞춤형 교육을 실시해 오면서 다양한 한국어 교재를 개발해 왔습니다.

이 교재는 한국어문화교육센터가 그동안 쌓아 온 연구와 교육의 성과를 바탕으로 개발한 것입니다. 이 교재의 가장 큰 특징은 한국어 구조에 대한 이해와 다양한 말하기 연습을 바탕으로 학습자 스스로 의사소통 활동을 할 수 있도록 구성했다는 점입니다. 이 교재를 통해 학습자는 다양한 의사소통 상황에서 성공적인 한국어 의사소통을 할 수 있는 능력을 기르게 될 것입니다.

이 교재가 나오기까지 참으로 많은 분들의 정성과 노력이 있었습니다. 무엇보다도 밤낮으로 고민하고 연구하면서 최고의 교재를 개발하느라 고생하신 저자들께 감사를 드립니다. 또한 고려대학교의 모든 한국어 선생님들께도 깊은 감사를 드립니다. 이분들의 교육과 연구에 대한 열정과 헌신적인 노력이 없었다면 이 교재의 개발은 불가능했을 것입니다. 이 선생님들의 교육 방법론과 강의안 하나하나가 이 교재를 개발하는 데 훌륭한 기초 자료가 되었습니다. 이 외에도 이 책이 보다 좋은 모습을 갖출 수 있도록 도와 주신 번역자를 비롯해 편집자, 삽화가, 사진 작가들께 감사를 드립니다. 또한 한국어 교육에 관심과 애정을 가지고 이렇듯 훌륭한 교재를 출산해 주신 교보문고에도 큰 감사를 드립니다.

부디 이 책이 여러분의 한국어 학습에 큰 도움이 되기를 바라며, 한국어 교육의 발전에 새로운 이정표가 될 수 있기를 바랍니다.

2008년 1월
국제어학원장 **김기호**

Introductory Remarks 일러두기

Overview

　『Fun! Fun! Korean 1』 is a text that was developed for beginner learners of the Korean language so that the learners can have fun while studying Korean with ease. The text is composed of materials that focus on approaches to daily activities. This was made in order for the learners to familiarize themselves with the necessary themes and functions useful in the daily lives, especially to communicate one's thoughts effectively in real life situations. Additionally, the text does not teach by the structure or the concept of grammar and mere explanation of vocabulary but through various speaking activities and by having fun. Through these types of activities, the learners of Korean will be able to communicate their thoughts in real life naturally without even recognizing it themselves.

Goals

- Achieve everyday basic communication ability such as introducing oneself, shopping, etc..
- Understand and express content based on one's daily and personal life such as introduction of oneself, family, daily activities, etc..
- Ask and answer simple questions in one's everyday life by familiarizing oneself with basic vocabulary and expressions, pronunciation, etc..
- Understand Korean conversation on personal and familiar topics.
- Get familiarized with the Korean language and the basic Korean language structure so as to read and understand simple written Korean text, and express oneself in written Korean.

Unit Structure

　『Fun! Fun! Korean 1』 is made up of 15 units as well as the Preliminary Unit. The Preliminary Unit consists of an explanation and practice exercises on how to read and write Korean through familiarizing with the Korean phonetic value and letter shape. The rest of the 15 units is composed of topics centering on the potential real life situations that students may experience while living in Korea. Each unit is composed as shown below.

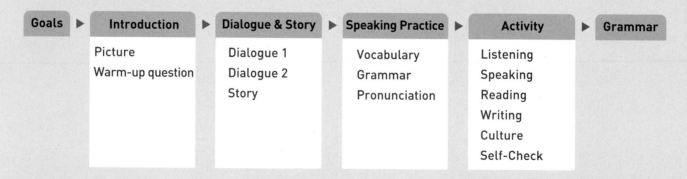

Goals ▶	Introduction ▶	Dialogue & Story ▶	Speaking Practice ▶	Activity ▶	Grammar
	Picture Warm-up question	Dialogue 1 Dialogue 2 Story	Vocabulary Grammar Pronunciation	Listening Speaking Reading Writing Culture Self-Check	

Goals

We have thoroughly described the overall lesson goals and contents (Topic, Function, Activity, Vocabulary, Grammar, Pronunciation, Culture) in the unit so that the students can get acquainted with the lesson goals and contents prior to the lesson.

Introduction

We have suggested a picture relating to the unit's topic including a few questions below. Through the picture and the questions, the students are able to think about the unit's topic beforehand and therefore, are able to prepare for their studies.

Dialogue & Story

This section will be used as a speech sample, in which the students will ultimately use after the completion of this unit. We have suggested 2 dialogues and 1 story. The students can confirm the lesson goals of the corresponding unit with further details through the example.

New Vocabulary

By explaining the new words or the meaning of the expressions that appear next to the example, we have made it easier for the students to understand the content of the dialogue and story.

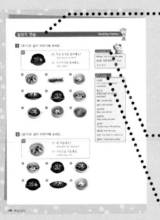

Speaking Practice

In this section, the students practice and review vocabulary, grammar, etc. in order to perform and achieve the skills laid out in the topic of the corresponding unit. The practice questions are not in the form of ordinary drills but are in the form of speaking chances so that the students can familiarize the vocabulary and grammar orally.

Language Tip

In this section, we have included in depth of the usage of particular expression and its meaning in case further explanation is needed.

Vocabulary

When a new word appears, we explain the meaning of the new words immediately at the time in order to make it easier for the students to study. In addition, next to the vocabulary practice, we suggest that the vocabulary to study be categorized according to the meanings of the word (e.g., vocabulary for food/occupation).

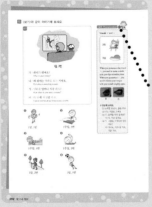

Pronunciation

The following unit presents pronunciations that must be familiarized with. In order for the students to acquire accurate pronunciation, the unit presents simple explanation of pronunciation methods and provides words and sentences that the students could practice with.

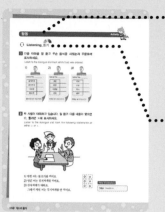

Activity

In this section, a real-life, communicative situation is re-enacted so the students can perform practical tasks such as <Listening>, <Speaking>, <Reading>, and <Writing> by using grammar and expressions learned in the speaking practice stage.

Listening

This section is to help perform listening tasks. It is constructed in stages of 'vocabulary listening - sentence listening - text listening' so the students can reach the level of naturally understanding long texts.

Speaking

This section is to help perform speaking tasks. It is constructed in regards to contents and situation that the students will likely encounter in real life. Aside from dialogues, the students will also practice giving narrative talks including a presentation.

Reading

This section is to help perform reading tasks. The selected reading texts are the ones that the students will encounter in real life and will help the students to perform effective reading practices based on the comprehension of the contents and types of the text.

Writing

This section is to help perform writing tasks. The students will be asked to do types of writing that they will likely to encounter in real life, which will help the students to write effectively according to the types and subjects of the text.

Self-Check

In this section, a self check chart is provided in order to evaluate whether one's learning has been successfully accomplished or not. One would not only be able to check how much learning has been accomplished and check his/her weaknesses but one could also find the main function of each unit and could identify areas that he/she has to focus on.

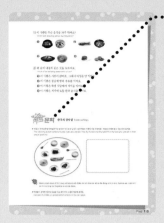

Culture

This section introduces Korean culture that is related to the topic of each unit. With the comprehension of Korean culture as a basis, the students will gain a better understanding of Korean language and will be able to use the language more naturally. When it comes to introducing Korean culture, the contents have been constructed in ways of understanding Korean culture during the process of mutual functioning with the students as they comprehend other cultures as well, rather than just conveying Korean culture alone.

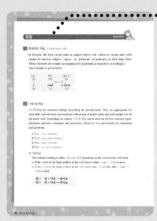

Grammar

This section is to help the grammar comprehension of the students by presenting grammar descriptions from each unit along with exemplary sentences. This part, which is being dealt with items related to class session, is organized and placed at the end of each unit making it easy for each student to find when studying alone and could also play a role as a grammar dictionary. As a chance to practice the grammar, the last two among exemplary sentences are left with blanks for the learner to complete using the grammar they have learned.

Listening Transcript

In this section, all the transcripts for listening activity are presented.

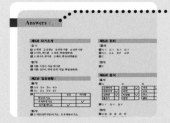

Answers

This section provides answers to questions from listening and reading activities.

Glossary

This section lists all the vocabulary presented in the textbook in an alphabetical order with its meanings and the page number where its explanation is given.

The Korean Language & Alphabet 한글 익히기

1. The Korean Language & Alphabet

Korean is a language spoken by Korean people, which includes approximately 45 million Koreans in South Korea, 30 million Koreans in North Korea, and six million ethnic Koreans living overseas. Among all the languages of the world, Korean ranks ninth in the number of speakers. The Korean alphabet, which is called *Han-geul*, was created in 1443 by King *Sejong* the Great. *Han-geul*'s original name was *Hunminjeong-eum* which literally means, "The correct sounds teaching people."

Han-geul is written according to the actual sounds of the letters. Therefore, virtually anyone can learn to read and write *Han-geul* in just a few hours. Moreover, based on scientific principles, *Han-geul* ranks as one of the most scientific and creative alphabets in the world.

Han-geul is one of Korea's most beloved cultural assets. *Hunminjeong-eum* is designated as National Treasure #70, and October 9, the day on which *Han-geul* was promulgated, is commemorated as *Han-geul* Day. In addition, UNESCO bestows the King *Sejong* Award to individuals who contribute to the global conquest against illiteracy, and has designated *Hunminjeong-eum* as a Memory of the World.

2. The Principles of *Han-geul*

- **Vowels**

  The vowels are based on the shape of the sky, earth, and human.

·	sky (The sky is round.)
—	earth (The earth is flat.)
ㅣ	a human being (A person is standing.)

  The vowels are made by combining the above three figures.

ㅣ· → ㅏ		·ㅣ → ㅓ
ᆢ → ㅗ		ᆢ → ㅜ

- **Consonants**

  The consonants are based on the shape of the voice organs.

  ㄱ ㄴ ㅁ ㅅ ㅇ

  Other consonants are made by adding one or more strokes.

ㄱ	→	ㅋ
ㄴ	→	ㄷ ㅌ ㄹ
ㅁ	→	ㅂ ㅍ
ㅅ	→	ㅈ ㅊ
ㅇ	→	ㅎ

  * When *Hunminjeong-eum* was first created, there were four additional letters (· , ㅿ, ㆆ, ㆁ) which are no longer used today.

3. The Names and Sounds of *Han-geul*

3.1 Vowels CD1. track 1

The following table gives the names and sounds of the 10 basic vowels.

Vowel	Name	Phonetic value	Writing order	Practice				
ㅏ	아	[a]	ㅣ ㅏ					
ㅑ	야	[ja]	ㅣ ㅏ ㅑ					
ㅓ	어	[ʌ]	- ㅓ					
ㅕ	여	[jʌ]	- = ㅕ					
ㅗ	오	[o]	ㅣ ㅗ					
ㅛ	요	[jo]	ㅣ ㅐ ㅛ					
ㅜ	우	[u]	— ㅜ					
ㅠ	유	[ju]	— ㅜ ㅠ					
ㅡ	으	[ɯ]	—					
ㅣ	이	[i]	ㅣ					

The following table gives the names and sounds of the 11 vowels which are made by combining two or more basic vowels.

Vowel	Name	Phonetic value	Writing order	Practice				
ㅐ	애	[ɛ]	ㅣ ㅏ ㅐ					
ㅔ	에	[e]	- ㅓ ㅔ					
ㅒ	얘	[jɛ]	ㅣ ㅏ ㅑ ㅒ					
ㅖ	예	[je]	- = ㅕ ㅖ					
ㅘ	와	[wa]	ㅣ ㅗ ㅘ ㅘ					
ㅙ	왜	[wɛ]	ㅣ ㅗ ㅘ ㅘ ㅙ					
ㅚ	외	[ø/wɛ]	ㅣ ㅗ ㅚ					
ㅝ	워	[wʌ]	— ㅜ ㅜ ㅝ					
ㅞ	웨	[we]	— ㅜ ㅜ ㅝ ㅞ					
ㅟ	위	[y/wi]	— ㅜ ㅟ					
ㅢ	의	[ɯi]	— ㅢ					

The following table gives the names and sounds of the 14 consonants.

Consonant	Name	Phonetic value	Writing order	Practice				
ㄱ	기역	[k/g]	ㄱ					
ㄴ	니은	[n]	ㄴ					
ㄷ	디귿	[t/d]	ㅡ ㄷ					
ㄹ	리을	[l/ɾ]	ㄱ ㄱ ㄹ					
ㅁ	미음	[m]	ㅣ ㄲ ㅁ					
ㅂ	비읍	[p/b]	ㅣ ㅐ ㅐ ㅂ					
ㅅ	시옷	[s/ɕ]	ㅅ ㅅ					
ㅇ	이응	[ŋ]	ㅇ					
ㅈ	지읒	[tɕ]	ㄱ ㅈ					
ㅊ	치읓	[tɕʰ]	ㅡ ㅊ ㅊ					
ㅋ	키읔	[kʰ]	ㄱ ㅋ					
ㅌ	티읕	[tʰ]	ㅡ ㅌ ㅌ					
ㅍ	피읖	[pʰ]	ㅡ ㅜ ㅍ ㅍ					
ㅎ	히읗	[h]	ㆍ ㅗ ㅎ					

The following table gives the names and sounds of the five so-called double consonants which are made by combining two of the same basic consonants.

Consonant	Name	Phonetic value	Writing order	Practice				
ㄲ	쌍기역	[k*]	ㄱ ㄲ					
ㄸ	쌍디귿	[t*]	ㄷ ㄷㅡ ㄸ					
ㅃ	쌍비읍	[p*]	ㅂ ㅂㅣ ㅂㅐ ㅃㅐ ㅃ					
ㅆ	쌍시옷	[s*]	ㅅ ㅅ丿 ㅆ					
ㅉ	쌍지읒	[tɕ*]	ㅈ ㅈㄱ ㅉ					

4. Syllable Structure

CD1. track 3

The following explains how syllables are constructed in the Korean language.

- **Vowels**

  아, 어, 오, 우, 으, 이, 와, 워, 의

  ✱ In the case where the syllables are composed only of vowels, "ㅇ" is placed in front of the vowel, and at this time, "ㅇ" does not have a phonetic value.

- **Consonant-Vowel**

  가, 너, 도, 무, 비, 수, 차, 코, 표, 해

- **Vowel-Consonant**

  역, 안, 엄, 울, 입, 앙, 앞

- **Consonant-Vowel-Consonant**

  산, 물, 강, 봄, 꽃, 끝

5. Let's Read

5.1 Vowels

CD1. track 4

Let's read	
ㅏ : 아버지, 나무, 바다, 산, 창문	ㅐ : 애기, 노래, 찌개, 선생님, 은행
ㅑ : 야구, 야채, 고양이, 성냥, 향수	ㅔ : 가게, 네, 세수, 제주도
ㅓ : 어머니, 머리, 아저씨, 건강, 선물	ㅒ : 얘기, 얘, 걔, 쟤
ㅕ : 여자, 여우, 소녀, 병원, 안녕하세요	ㅖ : 예, 예의, 차례, 시계, 세계
ㅗ : 오리, 노래, 모자, 손, 운동	ㅘ : 와, 과자, 사과, 왕, 환자
ㅛ : 요리, 우표, 교회, 묘지, 효자	ㅙ : 왜, 인쇄, 꽹과리, 돼지, 횃불
ㅜ : 우유, 누나, 구두, 문, 지붕	ㅚ : 외투, 외가, 회사, 죄, 굉장히
ㅠ : 유리, 서류, 휴지, 귤, 율무차	ㅝ : 더워요, 추워요, 훨씬, 원래, 권투
ㅡ : 그네, 며느리, 쓰레기, 음악, 이름	ㅞ : 웬일, 웨이터, 궤도, 꿰매요, 훼방
ㅣ : 이마, 미소, 시계, 인사, 친구	ㅟ : 위, 귀, 뒤, 쥐, 바퀴
	ㅢ : 의사, 의자, 의미, 의지, 의견

5.2 Consonants

Let's read

ㄱ : 가수, 고래, 기차, 아기, 너구리		ㅋ : 코, 키, 커피, 조카, 소쿠리	
ㄴ : 나무, 노래, 누나, 네모, 아내		ㅌ : 타조, 토끼, 투수, 사투리, 봉투	
ㄷ : 다리, 도시, 두더지, 구두, 아들		ㅍ : 파도, 포도, 풀, 소포, 남편	
ㄹ : 라면, 로봇, 나라, 소리, 여름		ㅎ : 하나, 하늘, 호수, 해, 한국	
ㅁ : 마음, 모자, 무지개, 어머니, 미술		ㄲ : 까치, 꼬리, 새끼, 뚜껑, 어깨	
ㅂ : 바지, 배, 부자, 아버지, 봄		ㄸ : 때, 귀뚜라미, 딸, 떡, 땅콩	
ㅅ : 사자, 소나기, 서울, 부산, 교실		ㅃ : 뻐꾸기, 뿌리, 아빠, 기쁨, 이빨	
ㅇ : 아기, 오빠, 우리, 새우, 안경		ㅆ : 싸요, 씨앗, 이쑤시개, 아저씨, 쓰레기	
ㅈ : 자유, 주머니, 지우개, 제주도, 시장		ㅉ : 짜요, 찌개, 날짜, 가짜, 쫄면	
ㅊ : 차비, 초, 치마, 마차, 위치			

5.3 Consonants in the final position of syllables

The following table shows the sounds when a consonant is placed at the end of the syllable.

Syllable-final Consonants	Phonetic value	Words
ㄱ	[k]	악수, 저녁, 학교, 식당
ㅋ		부엌
ㄴ	[n]	안, 문, 손, 인사
ㄷ	[t]	듣다, 믿다
ㅅ		옷, 빗, 웃다
ㅈ		낮, 잊다
ㅊ		꽃, 빛
ㅌ		끝, 밑, 밭
ㅎ		히읗
ㄹ	[l]	말, 가을, 할머니, 아들
ㅁ	[m]	몸, 김치, 감자, 선생님
ㅂ	[p]	입, 밥, 집, 좁다
ㅍ		앞, 옆, 숲
ㅇ	[ŋ]	강, 시장, 학생, 안경

5.4 Reading sentences

When a syllable ends in a consonant and followed by a syllable beginning with a vowel, that consonant is pronounced as if it were the first consonant of the second syllable.

한국어 [한구거]	음악 [으막]	산에 [사네]
꽃을 [꼬츨]	웃어요 [우서요]	읽어요 [일거요]

Let's read	
저는 한국어를 배워요.	여기에 앉으세요.
저는 서울에 살아요.	학교 앞에 서점이 있어요.
아침에 신문을 봐요.	시장에서 과일을 샀어요.
집에서 책을 읽어요.	꽃이 예뻐요.
이 옷을 입으세요.	낮에 회사에서 일해요.
음악을 들어요.	책상 밑에 가방이 있어요.

Contents 차례

Syllabus 교재 구성

Lesson	Topic	Function	Vocabulary	Grammar
1 자기소개	Greeting	• Exchanging greetings • Introducing oneself	• Countries • Jobs	• -이에요/예요 • -은/는
2 일상생활 I	Daily life I	• Expressing daily activities	• Places • Actions • Things	• Korean word order • -아/어/여요 • -을/를 • -에 가다
3 물건 사기	Shopping	• Buying things at a store • Asking the price of things	• Supermarket items • Number	• -(으)세요 • -하고, -와/과 • Quantifier
4 일상생활 II	Daily life II	• Talking about past events and daily routines	• Time(hour/minute) • Daily routine	• -았/었/였어요 • 안 • -에(time) • -에서
5 위치	Location	• Talking about locations of places and objects • Asking for directions • Giving directions	• Places • Things in a room/ school • Location • Direction • Movement	• -이/가 • -에 있다/없다 • -(으)로 가다
6 음식	Food	• Talking about one's favorite things • Ordering food • Making a suggestion	• Food • Taste	• -(으)ㄹ래요 • -아/어/여요 (propositive ending) • -(으)러 가다
7 약속	Appointments	• Making an appointment • Making a suggestion • Explaining one's plan	• Days of the week • Months • Expressions related to appointments	• -(으)ㄹ 것이다 • -(으)ㄹ까요 • -고 싶다
8 날씨	Weather	• Describing seasons • Describing weather • Explaining reasons	• Seasons • Weather • Expressions related to weather	• -고 • -아/어/여서 (reason) • -지요 • ㅂ불규칙 (ㅂ irregular conjugation)

Activity	Pronunciation	Culture
• Listen to a conversation between two people meeting for the first time • Tell your name, nationality and job to someone you are meeting for the first time • Understand business cards Read a letter of self-introduction • Write a letter of self-introduction	Liaison	Greetings I

• Listen to conversations about places and activities
• Look for a friend going to the same place with you
  Ask about today's activities
• Read signs and billboards
  Read about places and activities
• Write about places and activities
	Intonation of questions and answers	Greetings II

• Listen to a conversation between a clerk and a customer • Buy things at a store • Read receipt • Make a shopping list	Vowels ㅓ and ㅗ	Money
• Listen to a conversation about the day's activities • Talk about daily routines • Read about daily routines • Write about what you did yesterday and today	ㅂ and ㅃ	Time & Address
• Listen to conversations in which directions are being asked and given • Ask for directions to a destination • Read directions • Write directions	Nasal final consonant syllables	Gratitude & Apology
• Listen to a conversation at a restaurant • Ask people what they will eat and order at a restaurant • Read a menu • Read a text about someone's favorite foods • Write about your eating habits and your favorite foods	Intonation of wh-question and yes-no question	Table settings
• Listen to a conversation about making an appointment • Suggest and make appointments • Read about an appointment suggestion • Write to make an appointment	ㄹ at the final position of a syllable	The meaning of '생각해 보겠습니다.'
• Listen to a conversation about weather, and one's favorite season • Talk about one's favorite season • Read a passage introducing the seasons of Korea • Write about the seasons in one's country	Three sounds of ㅎ	Seasons & Weather

Lesson	Topic	Function	Vocabulary	Grammar
9 주말 활동	Weekend activities	• Expressing weekend activities and plans • Asking and answering questions about experience • Making suggestions	• Weekend activities • Time • Places	• -(으)려고 하다 • -에 가서 • -아/어/여 보다
10 교통	Transportation	• Finding out about transportation • Talking about transportation	• Means of transportation	• -아/어/여야 되다/하다 • -에서, -까지
11 전화	Telephone	• Making and answering telephone calls	• Telephone number • Expressions related to phone use	• -아/어/여 주세요 • -(으)ㄹ 것이다 • -(으)ㄹ게요
12 취미	Hobby	• Talking about hobbies and experiences	• Hobbies • Sports • Expressions about frequency	• -는 것 • 못 • -보다 • -에
13 가족	Family	• Introducing family members • Asking and answering questions using correct honorific forms	• Family • Honorific words	• -(으)시- • honorific words • -께서, -께서는, -께 • -의
14 우체국 · 은행	Post office · Bank	• Speaking at public places in an appropriate manner • Sending a letter and/or a package at a post office • Exchanging money and opening an account at a bank	• Things to do at the post office/at the bank • Words related to the post office/the bank • Periods of time	• -ㅂ니다/습니다 • -ㅂ니까/습니까 • -(으)십시오 • -(으)ㅂ시다
15 약국	Pharmacy	• Describing symptoms • Understanding how to take medication • Giving advice	• Body • Symptoms	• -아/어/여도 되다 • -(으)면 안 되다 • -지 말다 • -(으)ㄴ 후에 • -기 전에

Activity	Pronunciation	Culture
• Listen to a conversation about weekend activities • Talk about the last weekend's activities and make a suggestion for the weekend • Read about weekend activities • Write about weekend activities and plans	Double vowels ㅙ and ㅞ	Weekend activities
• Listen to a passage explaining transportation • Talk about transportation from home to school Talk about some nearby famous places and explain how to get there • Read a passage explaining transportation • Write a passage explaining transportation	Nasalization of ㄹ	Seoul's public transportation
• Understand a telephone conversation • Make and answer telephone calls in various situations • Read a survey about electronic communication (telephone, e-mail, etc.) and answer the questions • Write about how you use the telephone	Intonation of '-지요?'	Electronic communication
• Listen to a conversation about hobbies • Ask friends about their favorite activities and hobbies • Read a pamphlet about club activities • Write about your hobbies	Vowels ㅜ and ㅡ	Leisure activities
• Listen to a conversation about one's family • Ask friends about their families • Read a passage about someone's family • Write a passage to introduce members of your family	Vowel ㅓ	Kinship terms
• Listen to a conversation at a post office and a bank • Send a letter or package at a post office Open an account and exchange money at a bank • Read an address on an envelope • Write an address on an envelope	Nasalization	Methods of self-identification
• Listen to a conversation at a pharmacy • Talk about common symptoms Describe symptoms & buy medicine at a pharmacy • Read a prescription & a letter explaining why someone was absent • Write about a time when you were sick	ㅅ and ㅆ	Pharmacy

제1과 자기소개
Self-introduction

Goals

You will be able to introduce yourself to someone you are meeting for the first time.

Topic	Greeting
Function	Exchanging greetings
	Introducing oneself
Activity	Listening : Listen to a conversation between two people meeting for the first time
	Speaking : Tell your name, nationality and job to someone you are meeting for the first time
	Reading : Understand business cards, read a letter of self-introduction
	Writing : Write a letter of self-introduction
Vocabulary	Countries, Jobs
Grammar	-이에요/예요, -은/는
Pronunciation	Liaison
Culture	Greetings I

제1과 자기소개 Self-introduction

1. 이 사람들은 지금 무엇을 하고 있을까요?

   What are these people doing now?

2. 처음 만난 사람들은 무슨 말을 할까요? 그리고 자기를 소개할 때는 무슨 말을 할까요?

   What do people who are meeting for the first time usually talk about? What do they say when they are introducing themselves?

1

사토 : 안녕하십니까. 저는 사토 유이치입니다.

린다 : 안녕하세요. 저는 린다 테일러예요.

사토 : 만나서 반갑습니다.

린다 : 만나서 반갑습니다.

New Vocabulary

안녕하십니까. / 안녕하세요.
Hello. / Hello.

저는 (사토 유이치)입니다.
I am (*Sato Yuichi*).

저는 (린다 테일러)예요.
I am (*Linda Taylor*).

만나서 반갑습니다.
It's nice to meet you.

2

사토 : 린다 씨는 어느 나라에서 왔어요?

린다 : 저는 미국에서 왔어요. 사토 씨는 학생이에요?

사토 : 네, 대학생이에요. 린다 씨도 대학생이에요?

린다 : 아니요, 저는 회사원이에요.

New Vocabulary

씨 Mr./Miss

어느 나라에서 왔어요?
What country did you come from?

미국 United States

네 Yes

대학생 college student

(린다 씨)도 (*Linda*) also

아니요 No

회사원 office worker

3

안녕하십니까. 저는 사토 유이치입니다. 일본에서 왔어요.

저는 대학생이에요. 만나서 반갑습니다.

New Vocabulary

일본 Japan

1 〈보기〉와 같이 이름을 이야기해 보세요.

Tell your name as in example.

> 보기
>
> **김한국 / 수잔 리**
>
> 가 : 안녕하세요. (저는) 김한국이에요.
> Hello. I am *Han-guk Kim.*
>
> 나 : 안녕하세요. (저는) 수잔 리예요.
> Hello. I am *Susan Lee.*

❶ 이윤주 / 다니엘   ❷ 린다 테일러 / 왕웨이

❸ 에릭 킨토 / 엘레나   ❹ 사토 유이치 / 박지숙

❺ 간율란 / 이완 메빅   ❻ 모하메드 / 사바타 타파

2 1의 대화를 이용하여 반 친구들과 이름을 이야기해 보세요.

Following the example in 1, tell your name to your classmates.

3 〈보기〉와 같이 이야기해 보세요.

Tell your name as in example.

> 보기
>
> **김한국 / 수잔 리**
>
> 가 : 안녕하세요. (저는) 김한국입니다.
> Hello. I am *Han-guk Kim.*
>
> 나 : 안녕하세요. (저는) 수잔 리입니다.
> Hello. I am *Susan Lee.*

> ● Language Tip
>
> -입니다 is the formal version of -이에요. It is often used in formal situations and with people you do not know well.

❶ 이윤주 / 다니엘   ❷ 린다 테일러 / 왕웨이

❸ 에릭 킨토 / 엘레나   ❹ 사토 유이치 / 박지숙

❺ 간율란 / 이완 메빅   ❻ 모하메드 / 사바타 타파

4 3의 대화를 이용하여 반 친구들과 이름을 이야기해 보세요.

Following the example in 3, tell your name to your classmates.

5 〈보기〉와 같이 묻고 대답해 보세요.

Ask and answer questions as in example.

> 보기
>
> 중국
>
> 가 : 중국 사람이에요?
> Are you Chinese?
>
> 나 : 네, 저는 중국 사람이에요.
> Yes, I am Chinese.

❶ 일본   ❷ 호주   ❸ 미국

❹ 한국   ❺ 독일   ❻ 태국

6 〈보기〉와 같이 묻고 대답해 보세요.

Ask and answer questions as in example.

> 보기
>
> 중국 / 일본
>
> 가 : 중국 사람이에요?
> Are you Chinese?
>
> 나 : 아니요, 저는 일본 사람이에요.
> No, I am Japanese.

❶ 한국 / 일본   ❷ 미국 / 영국

❸ 독일 / 스위스   ❹ 말레이시아 / 베트남

7 〈보기〉와 같이 묻고 대답해 보세요.

Ask and answer questions as in example.

> 보기
>
> 중국
>
> 가 : 어느 나라에서 왔어요?
> What country did you come from?
>
> 나 : 중국에서 왔어요.
> I came from China.

❶ 캐나다   ❷ 러시아   ❸ 베트남

❹ 이집트   ❺ 스웨덴   ❻ 모로코

나라 Countries

한국	Korea
중국	China
일본	Japan
미국	United States
영국	United Kingdom
호주	Australia
독일	Germany
인도	India
태국	Thailand

발음 Pronunciation

Liaison

미국 사람이에요.
[사라미에요]

저는 김한국이에요.
[김한구기에요]

일본에서 왔어요.
[일보네서] [와써요]

In cases where the preceding syllable ends with a consonant and the following syllable starts with a vowel, the consonant in the preceding syllable shifts to the vowel position and the sound of the consonant is pronounced as the initial sound of the following syllable.

▶연습해 보세요.
(1) 저는 회사원이에요.
(2) 영국에서 왔어요.
(3) 저는 다니엘입니다.
(4) 베트남에서 왔어요.

8 6이나 7의 대화를 이용하여 반 친구들과 국적을 이야기해 보세요.

Following the example in 6 or 7, tell your nationality to your classmates.

9 〈보기 1〉이나 〈보기 2〉와 같이 묻고 대답해 보세요.

Ask and answer questions as in example 1 or 2.

보기1

학생 / 학생

가 : ○○ 씨는 학생이에요?
Are you a student?

나 : 네, 학생이에요.
Yes, I am a student.

보기2

학생 / 회사원

가 : ○○ 씨는 학생이에요?
Are you a student?

나 : 아니요, 저는 회사원이에요.
No, I am an office worker.

직업 Jobs

학생 student

대학생 college student

대학원생 graduate student

선생님 teacher

회사원 office worker

의사 doctor

❶ 대학생 / 대학생　　❷ 선생님 / 선생님　　❸ 의사 / 의사

❹ 대학생 / 대학원생　❺ 회사원 / 학생　　❻ 선생님 / 회사원

10 〈보기〉와 같이 묻고 대답해 보세요.

Ask and answer questions as in example.

보기

학생

가 : ○○ 씨는 학생이에요?
Are you a student?

나 : 네, 학생이에요. ○○ 씨도 학생이에요?
Yes, I am a student. Are you a student, too?

가 : 네, 저도 학생이에요.
Yes, I am also a student.

Language Tip

-도 can be used after a noun as a marker with the additional meaning of 'too'.

❶ 대학생　　　　❷ 선생님　　　　❸ 회사원

❹ 중국 사람　　　❺ 프랑스 사람　　❻ 캐나다 사람

11 다음의 사람이 되어 〈보기〉와 같이 자기소개를 해 보세요.

Introduce yourself as if you were the person shown below.

보기

린다 테일러

안녕하세요.

저는 린다 테일러예요.

미국 사람이에요.

저는 회사원이에요.

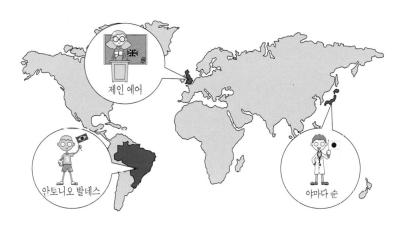

제인 에어

안토니오 발네스

야마다 순

12 다음의 사람이 되어 〈보기〉와 같이 이야기해 보세요.

Talk as if you were the person mentioned below.

보기

**투안: 베트남,
회사원**

**마이클: 호주,
학생**

투　안 : 안녕하십니까. 저는 투안입니다.

마이클 : 안녕하세요. 저는 마이클입니다.

투　안 : 마이클 씨는 어느 나라에서 왔어요?

마이클 : 호주에서 왔어요. 투안 씨는

　　　　어느 나라에서 왔어요?

투　안 : 저는 베트남에서 왔어요.

　　　　마이클 씨는 학생이에요?

마이클 : 네, 저는 학생이에요. 투안 씨도

　　　　학생이에요?

투　안 : 아니요, 저는 회사원이에요.

마이클 : 만나서 반갑습니다.

투　안 : 만나서 반갑습니다.

❶ 요시 : 일본, 의사　　　❷ 오마르 : 수단, 학생

　베커 : 독일, 회사원　　　　유스리 : 말레이시아, 회사원

🎧 Listening_듣기

1 다음 대화를 듣고 여자의 직업이나 국적을 찾아보세요.

Listen to the dialogue and choose the correct information about the woman.

1) ❶ 학생　　　❷ 회사원　　2) ❶ 회사원　　❷ 선생님
3) ❶ 일본 사람　❷ 중국 사람　4) ❶ 영국 사람　❷ 호주 사람

2 다음은 외국인 퀴즈 프로그램에 나온 사람들이 자신을 소개하는 내용입니다. 잘 듣고 어느 나라 사람인지, 무슨 일을 하는지 맞는 답을 고르세요.

You will hear foreigners introducing themselves on a TV quiz program. Listen and find out each person's nationality and job.

1) 국적　미국／영국　　직업　학생／회사원

2) 국적　태국／중국　　직업　학생／회사원

3 다음 대화를 듣고 두 사람의 국적과 직업을 찾아보세요.

Listen to the dialogue and find out each person's nationality and job.

1) 수잔 리　미국／캐나다　대학원생／회사원

2) 타우픽　중국／태국　대학생／대학원생

Speaking_말하기

1 친구들에게 이름, 국적, 직업을 물어 보세요.
Ask your classmates their name, nationality, and job.

● 이름, 국적, 직업을 알고 싶으면 어떻게 질문해야 할까요?
What question should you ask to find out someone's name, nationality, and job?

● 친구들과 이름, 국적, 직업을 묻고 대답해 보세요.
Ask your classmates their name, nationality, and job. Then answer their questions, too.

 **문화** 한국인의 인사 예절 Greetings I

● 여러분의 나라에서는 사람을 만나면 어떻게 인사합니까? 친한 친구에게 인사하는 방법과 웃어른에게 인사하는 방법이 같습니까?
How do you greet people in your country? Do you greet elderly people in the same way you greet your close friends?

● 한국 사람은 어떻게 인사할까요? 한국 사람이 인사하는 방법에 대해 알고 있는 것을 함께 이야기해 보세요.
How do Korean people greet each other? Let's discuss what you already know about the ways how Korean people exchange greetings.

● 사진을 보고 한국 사람의 인사법에 대해 알아보세요. 그리고 다음의 설명을 읽고 한국 사람처럼 인사해 보세요.
Look at the picture and find out how Koreans greet each other. Read the following passage and try to exchange greetings as Korean people do.

 Korean people usually bow their heads when greeting someone. The person of lower status bows his/her head to the person of higher status, and the person of higher status slightly nods in response. When the two people are in a more or less "equal" relationship, usually both of them bow their heads. However, nowadays there are many cases of people greeting each other with a handshake. Nevertheless, even in such cases, the person of lower status still bows his/her head.

📖 Reading_읽기

1 우리는 처음 만난 사람과 자주 명함을 주고받습니다. 다음 명함을 보고 정보를 찾아보세요.

Koreans generally exchange business cards with people they meet for the first time. Look at the business card below and find some information.

- 명함에 어떤 내용이 들어 있을지 생각해 보세요.
  What kind of information is usually on a business card?

- 다음 명함을 보고 이 사람의 이름과 직업을 찾아보세요.
  Look at the business card below to find out this person's name and job.

IC Motors

이 진 수

경기도 수원시 팔달구 권선동 100번지
Tel : 031) 921-1000
Fax : 031) 921-2000
leejs@icmotors.co.kr

2 다음은 한국인 친구에게서 처음으로 받은 이메일입니다. 그 친구가 자기소개를 어떻게 했는지 잘 읽어 보세요.

The following is the first e-mail message from a Korean friend. Read the e-mail message, paying close attention to how she introduced herself.

- 모르는 사람에게 처음 보내는 이메일에는 어떤 내용이 쓰여 있을까요?
  What kind of information will you put in the first e-mail that will be sent to someone you do not know?

- 다음 이메일을 읽고 위에서 예측한 내용이 있는지 찾아보세요.
  Read the following e-mail to find out whether the information you predicted above is included in the e-mail.

> **메일 쓰기**   ○○○
>
> 안녕하세요.
> 반갑습니다.
> 저는 김수미입니다. 한국 사람이에요.
> 저는 대학생이에요.

- 이메일에서 다음 내용을 찾아보세요.
  Find the following information in the e-mail.

이름 _____   국적 _____   직업 _____

✏️ Writing_쓰기

1 여러분이 위의 이메일을 받았다고 생각하고 답장을 써 보세요.

Imagine that you have received the e-mail above and write a reply.

● 여러분은 자신을 어떻게 소개하겠어요? 자신을 소개하는 데 필요한 표현을 간단하게 메모해 보세요.

How will you introduce yourself? Briefly write the expressions you will need to introduce yourself.

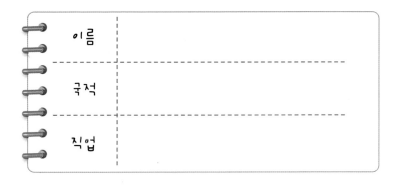

이름

국적

직업

● 위에서 메모한 내용을 바탕으로 자신을 소개하는 답장을 써 보세요.

Using the expressions above, write a reply introducing yourself.

● 여러분은 친구들에게 자신을 어떻게 소개하겠어요? 위에서 쓴 글을 바탕으로 새로 만난 친구들에게 자기소개를 해 보세요.

How will you introduce yourself to your friends? Using the expressions above, please introduce yourself to a friend you have just met.

자기 평가 ✏️　　　　　　　　　　　　　　Self-Check

● 여러분의 이름, 국적, 직업을 이야기할 수 있습니까?
Are you able to tell your name, nationality, and job?

Excellent ●━━●━━●━━● Poor

● 처음 만난 사람에게 자기소개를 할 수 있습니까?
Are you able to introduce yourself to the person you meet for the first time?

Excellent ●━━●━━●━━● Poor

● 간단한 자기소개의 글을 읽거나 쓸 수 있습니까?
Are you able to read or write a brief paragraph of self-introduction?

Excellent ●━━●━━●━━● Poor

1 noun 은/는 noun 이에요/예요

In Korean, '(noun)은/는 (noun)이에요/예요' is used to identify a person or an object. The grammatical structure and the word order are the same for both statements and questions. However, the intonation is different and period is added to statements and question mark is added to questions.

수미 씨 는 학생 이에요 ➡ 수미 씨 는 학생 이에요. *Su-mi* is a student.
➡ 수미 씨 는 학생 이에요? Is *Su-mi* a student?

2 −이에요/예요

- -이에요 is a sentence-ender that is attached after a noun and identifies that noun as the subject of the sentence. This expression is used in informal situations to people of higher status and/or people you do not know well.
  (저는) 김영민이에요. I am *Young-min Kim*.

- Depending on the structure of a final syllable of a preceding noun, -이에요 or -예요 is used.
  a. If the noun ends in a consonant, -이에요 is used.
     (저는) 한국 사람이에요.
  b. If the noun ends in a vowel, -이에요 or -예요 is used and -예요 is used more frequently.
     (저는) 의사이에요/의사예요.

  (1) (저는) 마이클이에요. I am *Michael.*
  (2) (나는) 학생이에요.
  (3) (저는) 린다예요.
  (4) (우리는) 친구예요.
  (5) (저는) 김영민_____.
  (6) (저는) 수잔 리_____.

  * New Vocabulary
  우리 we

  * The word in parentheses can be possibly omitted if it is understood from context.

3 -은/는

- -은/는 is a particle that indicates that the noun to which it is attached is the topic of that sentence.

  저는 학생이에요. I am a student.

- Depending on the structure of a final syllable of a preceding noun, -은 or -는 is used.

  a. If the noun ends in a consonant, -은 is used.

  선생님은 한국 사람이에요.

  b. If the noun ends in a vowel, -는 is used.

  저는 학생이에요.

  (1) 저는 대학생이에요. I am a college student.
  (2) 사토 씨는 의사예요.
  (3) 마이클은 학생이에요.
  (4) 선생님은 한국 사람이에요.
  (5) 왕웨이_____ 중국 사람이에요.
  (6) 다니엘_____ 대학원생이에요.

제2과 일상생활 I
Daily life I

Goals

You will be able to learn basic expressions about daily life.

Topic	Daily life
Function	Expressing daily activities
Activity	Listening: Listen to conversations about places and activities
	Speaking: Look for a friend going to the same place with you
	Ask about today's activities
	Reading : Read signs and billboards
	Read about places and activities
	Writing : Write about places and activities
Vocabulary	Places, Actions, Things
Grammar	Korean word order, −아/어/여요, −을/를, −에 가다
Pronunciation	Intonation of questions and answers
Culture	Greetings Ⅱ

제2과 일상생활 I Daily life I

1. 여기는 어디예요?
   What is this place?

2. 이 사람들은 지금 무엇을 하고 있어요?
   What are these people doing now?

1

Two people have met on the street.

수미 : 안녕하세요, 린다 씨.

린다 : 안녕하세요, 수미 씨. 어디 가요?

수미 : 도서관에 가요. 린다 씨는 어디에 가요?

린다 : 저는 식당에 가요.

New Vocabulary

어디(에) 가요?
Where are you going?

도서관 library

식당 restaurant

2

Two people have met at the library.

다케시 : 린다 씨, 지금 뭐 해요?

린　다 : 한국어를 공부해요.

다케시 : 재미있어요?

린　다 : 네, 아주 재미있어요.

New Vocabulary

지금 now

뭐 what

한국어 Korean (language)

공부하다 to study

새미있다 to be fun

아주 very

3

린다 씨는 오늘 친구를 만나요. 같이 영화를 봐요. 그리고
식당에 가요.

New Vocabulary

오늘 today

친구 friend

만나다 to meet

같이 together

영화 movie

보다 to see

그리고 and

1 다음 그림을 이용해 장소 이름을 익혀 보세요.

Let's learn the names of the places in the pictures.

> 보기
>
> 가 : 어디(에) 가요? Where are you going?
> 나 : 학교에 가요. I'm going to school.

① 　　**②** 　　**③**

④ 　　**⑤** 　　**⑥**

장소 Places
학교 school
집 home
식당 restaurant
병원 hospital
약국 pharmacy
은행 bank
회사 company
우체국 post office
가게 store
시장 market
백화점 department store
극장 theater
도서관 library

2 동사의 현재형을 익혀 보세요.

Let's learn present tense verbs.

> 보기1　**살다**　　살아요. I live.

① 알다　　**②** 놀다　　**③** 사다
④ 만나다　　**⑤** 오다　　**⑥** 보다

동작1 Action 1
살다 to live
알다 to know
놀다 to play
사다 to buy
만나다 to meet
오다 to come
보다 to see

> 보기2　**먹다**　　먹어요. I eat.

① 읽다　　**②** 웃다　　**③** 열다
④ 듣다　　**⑤** 마시다　　**⑥** 기다리다

동작2 Action 2
먹다 to eat
읽다 to read
웃다 to smile
열다 to open
듣다(*들어요) to listen
마시다 to drink
기다리다 to wait

> 보기3　**말하다**　　말해요. I speak.

① 공부하다　　**②** 일하다　　**③** 전화하다
④ 노래하다　　**⑤** 질문하다　　**⑥** 대답하다

3 〈보기〉와 같이 이야기해 보세요.

Ask and answer questions as in example.

보기

가 : 먹어요? Do you eat?

나 : 네, 먹어요. Yes, I eat.

● 동작3 Action 3

말하다	to speak
이야기하다	to talk
공부하다	to study
일하다	to work
전화하다	to call
노래하다	to sing
질문하다	to ask
대답하다	to answer

❶  ❷ ❸

❹ ❺  ❻

4 〈보기 1〉이나 〈보기 2〉와 같이 이야기해 보세요.

Say as in example 1 or 2.

보기1   **책**   책을 사요. I buy a book.

보기2   **시계**   시계를 사요. I buy a watch

● 사물 Things

책	book
시계	watch
노트	notebook
모자	hat
카메라	camera
가방	bag
텔레비전	television
우산	umbrella

❶ 노트   ❷ 모자   ❸ 카메라

❹ 가방   ❺ 텔레비전   ❻ 우산

5 〈보기 1〉이나 〈보기 2〉와 같이 묻고 대답해 보세요.
Ask and answer questions as in example 1 or 2.

보기1	
밥, 먹다	가 : 무엇을 해요? What are you doing? 나 : 밥을 먹어요. I'm having a meal.

보기2	
우유, 마시다	가 : 무엇을 해요? What are you doing? 나 : 우유를 마셔요. I'm drinking milk.

❶ 책, 읽다　　　❷ 영화, 보다　　　❸ 음악, 듣다

❹ 운동, 하다　　　❺ 시계, 사다　　　❻ 친구, 만나다

● New Vocabulary

밥	meal
우유	milk
음악	music
운동	exercise

● 발음 Pronunciation

Intonation of questions and answers

> 1) 가 : 재미있었어요?
>   나 : 재미있었어요.
>
> 2) 가 : 물을 마셔요?
>   나 : 네, 물을 마셔요.

Basically, the intonation of questions rises and the intonation of answers falls. The last part of the question should rise, whereas the second to the last should drop.

▶연습해 보세요.

(1) 가 : 신문을 읽어요?
　　나 : 네, 신문을 읽어요.

(2) 가 : 회사원이에요?
　　나 : 아니요, 학생이에요.

(3) 가 : 학교에 가요?
　　나 : 네, 학교에 가요.

(4) 가 : 영국에서 왔어요?
　　나 : 아니요, 저는 미국에서 왔어요.

6 다음 그림을 보고 무엇을 하는지 이야기해 보세요.
Ask and answer about what s/he is doing in the pictures.

보기	
	가 : 무엇을 해요? / 뭐 해요? What are you doing? 나 : 텔레비전을 봐요. I'm watching television.

❶ 　　　❷

❸ 　　　❹

❺ 　　　❻

● New Vocabulary

커피	coffee
신문	newspaper
빵	bread

7 〈보기 1〉이나 〈보기 2〉와 같이 묻고 대답해 보세요.

Ask and answer questions as in example 1 or 2.

보기1

가 : 텔레비전을 봐요?
Are you watching television?

나 : 네, 텔레비전을 봐요.
Yes, I'm watching television.

텔레비전을 보다

보기2

가 : 커피를 마셔요?
Are you drinking coffee?

나 : 아니요, 물을 마셔요.
No, I'm drinking water.

커피를 마시다

● New Vocabulary

물 water
옷 clothes
우산 umbrella

❶

한국어를 공부하다

❷

신문을 읽다

❸

우산을 사다

❹

친구를 만나다

❺

빵을 먹다

❻

음악을 듣다

8 그림을 보고 누가 무엇을 하는지 〈보기 1〉이나 〈보기 2〉와 같이 묻고 대답해 보세요.

Following the examples, ask and answer about what s/he is doing in the pictures.

> 보기1
>
> 가 : 린다 씨는 뭐 해요? What is *Linda* doing?
>
> 나 : 책을 읽어요. She is reading a book.

> 보기2
>
> 가 : 토머스 씨는 노래를 해요? Is *Thomas* singing?
>
> 나 : 아니요, 청소를 해요. No, he is cleaning.

● New Vocabulary

청소하다 to clean

린다   토머스   유코   마르코

피에르   주빈   민호   애니

9 친구들이 오늘 무엇을 하는지 〈보기 1〉이나 〈보기 2〉와 같이 물어 보세요. 마지막 빈 칸에는 묻고 싶은 내용을 넣어 물어 보세요.

As in the example 1 or 2, ask your classmates what they are doing today. For the blank box in the table, ask your own question with a new clue.

> 보기1
>
> **친구, 만나다**
>
> 가 : 오늘 친구를 만나요?
> Are you meeting your friend today?
>
> 나 : 네, 친구를 만나요.
> Yes, I'm meeting my friend.

> 보기2
>
> **운동, 하다**
>
> 가 : 오늘 운동을 해요?
> Are you doing exercise today?
>
> 나 : 아니요.
> No.

활동 \ 이름	마이클			
친구, 만나다	○			
운동, 하다	×			
영화, 보다	×			

10 〈보기〉와 같이 이야기해 보세요.

Ask and answer questions as in example.

보기

가 : 안녕하세요, ○○ 씨. 지금 뭐 해요?
Hi, ○○. What are you doing?

나 : 책을 읽어요. ○○ 씨는 어디 가요?
I'm reading a book. How about you?

가 : 저는 우체국에 가요.
I'm going to the post office.

❶  ❷  ❸

 문화 한국인의 인사말 Greetings Ⅱ

"안녕하세요." and "어디 가요?"

- 길에서 친구를 우연히 만났을 때 여러분 나라에서는 어떤 말로 인사를 해요?
  When you meet your friends on the street, how do you greet them in your country?

- 한국 사람들은 길에서 우연히 아는 사람들을 만났을 때 어떤 말로 인사를 할까요? 아는 것이 있으면 이야기해 보세요.
  Do you know how Koreans exchange greetings with an acquaintance whom they happen to meet on the street? Discuss with your classmates what you already know about it.

Koreans greet with '안녕하세요.' upon meeting and say '안녕히 가세요.' when they separate. If the interlocutor has a higher status, the speaker should lower his/her head to them. When you meet your acquaintances on the street, they could ask you the questions like, '어디 가요?' or '밥 먹었어요?'. These expressions can function as information questions concerning destinations or whether the acquaintance has eaten a meal or not. However, these expressions can also function as greetings or to express speakers' regards in conjunction with a greeting.

🎧 **Listening**_듣기

1 다음을 잘 듣고 알맞은 장소를 고르세요.
Listen to the dialogue and choose the correct answer.

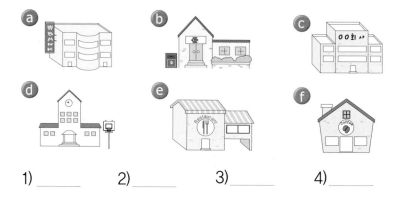

1) _____   2) _____   3) _____   4) _____

2 다음을 잘 듣고 그림의 내용과 맞는 것을 찾아보세요.
Listen to the dialogue and choose the correct answer.

1) _____   2) _____   3) _____   4) _____

3 두사람이 대화하고 있습니다. 누가 무엇을 하는지 표시하세요.
Listen to the dialogue between *Yuko* and *Michael*. Check what *Yuko* and *Michael* will do.

	유코	마이클
학교에 가요.		
우체국에 가요.		
친구를 만나요.		

🎤 Speaking_말하기

1 친구와 어디에 가는지 이야기해 보세요.
Talk to your classmates about where you are going.

- 오늘 여러분은 어디에 갈 거예요? 다음 목록에서 오늘 여러분이 갈 장소를 표시해 보세요.
  Where are you going today? Check the place in the list below.

  > ☐ 회사　　　☐ 우체국　　　☐ 은행
  > ☐ 커피숍　　☐ 극장　　　　☐ 도서관

- 친구가 오늘 어디에 가는지 묻고 대답해 보세요.
  Ask your classmates where s/he is going today.

- 여러분과 같은 장소에 가는 사람은 누구인지 〈보기〉와 같이 이야기해 보세요.
  Following the example below make a sentence stating who is going to the same place as you.

  > 보기
  > 토머스 씨하고 나는 우체국에 가요.
  > *Thomas* and I are going to the post office.

2 우리 반 친구들은 오늘 무엇을 할까요? 친구들이 무엇을 하는지 묻고 대답해 보세요.
Ask your classmates what they are doing today.

- 여러분은 오늘 뭐 해요?
  What are you doing today?

- 친구와 같이 오늘 뭐 하는지 이야기해 보세요.
  Talk with your friend about what you're doing today.

이름	활동1	활동2	활동3
유코	학교에 가요.	친구를 만나요.	영화를 봐요.

📖 Reading_읽기

1 거리의 간판을 보고 어떤 장소인지 알아봅시다.
Look at the signs and determine what kind of place it might be.

● 대학 앞의 거리에는 어떤 가게들이 있을지 생각해 보세요.
Determine what kinds of shops might be there on the street near a university.

● 다음은 거리에 있는 가게들의 간판입니다. 어떤 가게들인지
추측해 보세요.
Below are signs of different shops available in front of a university. Determine
what kinds of shops they might be.

● 다음과 같은 경우에 여러분은 어느 곳으로 가시겠습니까?
In the following situations, where would you go?

(1) 배가 고파요. I am hungry. _____

(2) 편지를 보내요. I will send a letter. _____

(3) 빵과 우유를 사요. I will buy bread and milk. _____

(4) 한국어를 공부해요. I will study Korean. _____

(5) 돈을 바꿔요. I will exchange some money. _____

2 다음을 잘 읽고 오늘 내가 하는 일에 모두 표시하세요.
Read the following passage and check on the corresponding
picture.

> 나는 오늘 도서관에 가요. 공부를 해요.
> 그리고 친구를 만나요. 같이 운동을 해요.

✍ **Writing_쓰기**

1 오늘 여러분은 어디에 가서 무엇을 합니까? 오늘 여러분의 생활을 글로 써 보세요.
Where are you going today and what are you going to do there? Write about your daily life.

● 여러분이 매일 가는 장소와 활동을 메모해 보세요.
Complete the following chart with your daily activities.

장소 Place	활동1 Activity 1	활동2 Activity 2
학교	공부해요.	친구를 만나요.

● 위의 내용을 바탕으로 여러분이 오늘 하는 일을 써 보세요.
Using the information in the chart, write about what you do today.

자기 평가 ✏ Self-Check

● 어디에 가는지 이야기할 수 있습니까?
Are you able to explain where you are going?

Excellent ●——●——●——● Poor

● 무엇을 하는지 이야기할 수 있습니까?
Are you able to explain what you are doing?

Excellent ●——●——●——● Poor

● 일상생활을 설명하는 글을 읽고 쓸 수 있습니까?
Are you able to read and write a paragraph describing daily life?

Excellent ●——●——●——● Poor

1 한국어의 어순 Korean word order

In Korean, the basic word order is subject-object-verb. However, nouns and verbs cannot be used as 'subject', 'object', or 'predicate' in sentences in their bare form. Those elements are usually accompanied by grammatical particle(s) or ending(s). The example is given below.

> 나는   책을   읽어요
> (S)   (O)   (V)
>
> I   read   a book
> (S)   (V)   (O)

2 –아/어/여요

–아/어/여요 are sentence-endings describing the present tense. They are appropriate for most daily and informal conversations with people of higher status and with people you do not know well. Depending on context, -아/어/여요 can be used for all four sentence types: statement, question, command, and propositive. However, it is used mostly for statements and questions.

읽어요. I read. (Statement)

읽어요? Do you read? (Question)

읽어요. Read. (Command)

읽어요. Let's read. (Propositive)

● -아/어요

The sentence-ending is either -아요 or -어요 depending on the vowel in the verb stem.

a. If the vowel of the final syllable in the verb stem is either ㅏ or ㅗ, -아요 is used.

b. If the vowel of the final syllable in the verb stem is any vowel other than ㅏ and ㅗ, -어요 is used.

> 살다   살 + 아요 → 살아요
> 먹다   먹 + 어요 → 먹어요

Also, if the verb stem ends in a vowel, the vowel is omitted (if it is duplicated) or it is combined with the previous vowel to make a complex vowel.

```
가다    가 + 아요 → 가요
서다    서 + 어요 → 서요
오다    오 + 아요 → 와요
```

● -여요

Korean has many verbs and adjectives that end in 하다. Even though the vowel in the stem is ㅏ, these verbs and adjectives take -여요, not -아요. However, in everyday use, 하여요 is contracted into 해요.

```
하다        하 + 여요 → 하여요 → 해요
공부하다    공부하 + 여요 → 공부하여요 → 공부해요
```

New Vocabulary

받다 to receive
서다 to stand
쓰다 to write
앉다 to sit

Basic form	Stem	Ending	Omission/ Contraction	Statement	Question
살다	살	아요	/	살아요	살아요?
받다	받	아요	/	받아요	받아요?
먹다	먹	어요	/	먹어요	먹어요?
읽다	읽	어요	/	읽어요	읽어요?
가다	가	아요	가요	가요	가요?
서다	서	어요	서요	서요	서요?
오다	오	아요	와요	와요	와요?
마시다	마시	어요	마셔요	마셔요	마셔요?
하다	하	어요	해요	해요	해요?
전화하다	전화하	여요	전화해요	전화해요	전화해요?
듣다	듣	어요	/	들어요*	들어요?*
쓰다	쓰	어요	/	써요*	써요?*
앉다					
웃다					
만나다					
기다리다					
노래하다					
청소하다					

(＊ irregular verb)

3 -을/를

- -을/를 is a particle attached to a noun and specifies the noun as the direct object (the noun that "receives" the action of the verb, so to speak) in a sentence. It is often omitted in daily conversation.

  린다 씨는 사과를 먹어요. *Linda eats an apple.*

- This particle can be either -을 or -를 depending on the preceding noun.

  a. If the noun ends in a consonant, -을 is used.

  b. If the noun ends in a vowel, -를 is used.

  토머스 씨는 빵을 먹어요. *Thomas eats bread.*

  요코 씨는 사과를 먹어요. *Yoko eats an apple.*

> **● New Vocabulary**
>
> 사과 apple
> 라면 ramen

(1) 가 : 물을 마셔요?

　　나 : 네, 물을 마셔요.

(2) 가 : 빵을 먹어요?

　　나 : 아니요, 라면을 먹어요.

(3) 가 : 무엇을 봐요?

　　나 : 영화____ 봐요.

(4) 가 : 한국어를 공부해요?

　　나 : 네, _____ 공부해요.

(5) 가 : _____ 읽어요?

　　나 : _____ 읽어요.

(6) 가 : _____ 마셔요?

　　나 : _____.

4 -에 가다

-에 가다 is combined with a place noun to indicate the destination someone is going. Instead of the verb 가다, other verbs such as 오다 or 다니다 as well as some complex verbs (such as 올라가다, 내려오다, 다녀오다) can also be used. When asking about the destination, the expression '어디에 가요?' is used.

(1) 가 : 어디에 가요?

　　나 : 학교에 가요.

(2) 가 : 은행에 가요?

　　나 : 네, 은행에 가요.

(3) 가 : 우체국에 가요?

　　나 : 아니요, _____ 가요.

(4) 가 : _____ 가요?

　　나 : _____.

MEMO

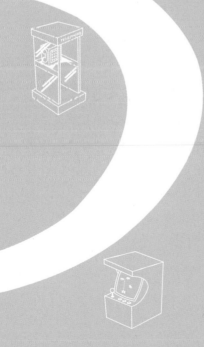

제3과 물건 사기
Shopping

Goals

You will be able to learn the expressions necessary to buy items at a supermarket.

Topic	Shopping
Function	Buying things at a store
	Asking the price of things
Activity	Listening : Listen to a conversation between a clerk and a customer
	Speaking : Buy things at a store
	Reading : Read receipt
	Writing : Make a shopping list
Vocabulary	Supermarket items, Number
Grammar	−(으)세요, −하고, −와/과, Quantifier
Pronunciation	Vowels ㅓ and ㅗ
Culture	Money

제3과 물건 사기 Shopping

1. 여기는 어디입니까? 손님은 무엇을 사요?

   What place is shown in the picture? What does a customer buy?

2. 가게에서 물건을 살 때 어떤 이야기를 해요?

   What do you say when you buy something at a store?

1

점원 : 어서 오세요.

손님 : 아저씨, 우유 있어요?

점원 : 네, 있어요.

손님 : 얼마예요?

점원 : 오백 원이에요.

New Vocabulary

어서 오세요. Welcome.
아저씨 mister
있다 to have
얼마예요? How much is it?

2

점원 : 어서 오세요. 뭘 드릴까요?

손님 : 빵 세 개하고 콜라 한 병 주세요.

점원 : 여기 있어요.

손님 : 얼마예요?

점원 : 이천백 원이에요.

New Vocabulary

뭘 드릴까요?
What can I get for you?
세 개 three items
콜라 coke
한 병 one bottle
주다 to give
여기 있어요. Here it is.

3

나는 오늘 가게에 가요. 과자, 주스, 그리고 휴지를 사요.
과자를 두 개, 주스를 세 병, 휴지를 한 개 사요. 모두 사천
삼백 원이에요.

New Vocabulary

과자 cookies
주스 juice
휴지 tissue
두 개 two items
모두 all

1 〈보기〉와 같이 이름을 이야기해 보세요.

Tell the name of the items as in example.

보기	가 : 우유 있어요?
	Do you have milk?
	나 : 네, 있어요.
	Yes, we do.

❶   ❷   ❸

❹   ❺   ❻

슈퍼마켓 물건
Supermarket items

빵	bread
과자	cookies
라면	ramen
계란	egg
커피	coffee
콜라	coke
우유	milk
주스	juice
물	water
비누	soap
치약	toothpaste
칫솔	toothbrush
휴지	tissue

2 가게에 갔어요. 다음 물건이 있는지 물어 보세요.

You are in a store. Ask if they have the following items.

보기1	손님 : 라면 있어요?
	Do you have ramen?
	점원 : 네, 있어요.
	Yes, we do.

보기2	손님 : 계란 있어요?
	Do you have eggs?
	점원 : 아니요, 없어요.
	No, we don't.

3 〈보기〉와 같이 묻고 대답해 보세요.

Ask and answer questions as in example.

> 보기
>
>
>
> 가 : 뭘 드릴까요?
> What can I get for you?
>
> 나 : 우유를 주세요.
> Give me some milk.

❶ ❷ ❸

❹ ❺ ❻

4 〈보기〉와 같이 묻고 대답해 보세요.

Ask and answer questions as in example.

> 보기
>
>
>
> 가 : 뭘 드릴까요?
> What can I get for you?
>
> 나 : 빵하고 우유 주세요.
> Give me some bread and milk.

❶ ❷  ❸

❹ ❺ ❻

Language Tip

When a store clerk asks a customer "뭘 드릴까요?", it means "What are you looking for?"

In the expression 'Noun + -을/를 주세요', the object marker -을/를 is often omitted in ordinary conversation.

발음 Pronunciation

Vowels ㅓ and ㅗ

커피

코피

When you pronounce ㅓ, you need to keep your lips wide open but make them smaller than with ㅏ. When you pronounce ㅗ, you need to make a circle with your lips.

이   오

▶연습해 보세요.

(1) 가 : 커피를 마셔요?
   나 : 아니요, 콜라를 마셔요.

(2) 가 : 어디 가요?
   나 : 도서관에 가요.

(3) 가 : 뭐 해요?
   나 : 청소해요.

(4) 가 : 몇 개 드릴까요?
   나 : 여섯 개 주세요.

5 수를 세어 봅시다.

Let's count the numbers.

하나	둘	셋	넷	다섯
한 개	두 개	세 개	네 개	다섯 개

여섯	일곱	여덟	아홉	열
여섯 개	일곱 개	여덟 개	아홉 개	열 개

6 〈보기〉와 같이 묻고 대답해 보세요.

Ask and answer questions as in example.

● Language Tip

병 is used when counting bottles.

보기

가 : 뭘 드릴까요?
What can I get for you?

나 : 빵 다섯 개 주세요.
Please give me five loaves of bread.

가 : 뭘 드릴까요?
What can I get for you?

나 : 빵 다섯 개하고 주스 한 병 주세요.
Please give me five loaves of bread and
one bottle of juice.

❶  ❷   ❸

❹   ❺   ❻

7 숫자를 읽어 봅시다.

Let's read the following numbers.

1	2	3	4	5	6	7	8	9	10
일	이	삼	사	오	육	칠	팔	구	십

11	12	13	14	15	16	17	18	19	20
십일	십이	십삼	십사	십오	십육	십칠	십팔	십구	이십

·	·	30	40	50	60	70	80	90	100
·	·	삼십	사십	오십	육십	칠십	팔십	구십	백

·	200	300	400	·	·	·	·	900	1,000
·	이백	삼백	사백	·	·	·	·	구백	천

·	2,000	3,000	4,000	·	·	·	·	9,000	10,000
·	이천	삼천	사천	·	·	·	·	구천	만

·	20,000	30,000	40,000	·	·	·	·	90,000	100,000
·	이만	삼만	사만	·	·	·	·	구만	십만

8 〈보기〉와 같이 묻고 대답해 보세요.

Ask and answer questions as in example.

· Language Tip
The Korean unit of currency is 원.

보기

가 : 얼마예요? How much is it?

나 : 삼십 원이에요. It is 30 won.

❶  ₩ 700

❷  ₩ 680

❸  ₩ 1,900

❹  ₩ 4,200

❺  ₩ 10,500

❻  ₩ 35,980

9 〈보기〉와 같이 묻고 대답해 보세요.

Ask and answer questions as in example.

보기

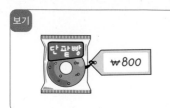

₩800

가 : 이 빵 얼마예요?
How much is this bread?

나 : 팔백 원이에요.
It is 800 won.

Language Tip

이 means 'this'.

① ₩35,000

② ₩1,820

③ ₩13,000

④ ₩298,000

⑤ ₩2,650

⑥ ₩3,740

10 〈보기〉와 같이 묻고 대답해 보세요.

Ask and answer questions as in example.

보기

₩800

가 : 뭘 드릴까요? What can I get for you?

나 : 빵 있어요? Do you have bread?

가 : 네, 있어요. Yes, we do.

나 : 그럼, 빵 한 개 주세요. Then, please give me one loaf of bread.

가 : 여기 있어요. Here it is.

나 : 얼마예요? How much is it?

가 : 팔백 원이에요. It is 800 won.

Language Tip

"여기 있어요." means 'Here it is.' and you can say this when you give something to someone.

① ₩1,400

② ₩2,700

③ ₩1,300

④ ₩570

⑤ ₩2,650

⑥ ₩3,200

🎧 Listening_듣기

1 이 사람은 무엇을 사러 왔습니까? 다음 대화를 잘 듣고 맞는 그림의 기호를 쓰세요.

What does the customer want to buy? Listen to the dialogue and write the letter of the correct picture.

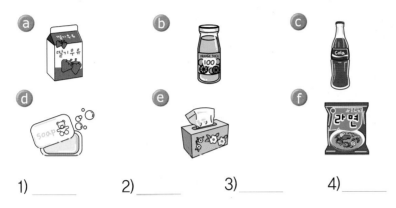

1) _____ 2) _____ 3) _____ 4) _____

2 다음을 잘 듣고 무엇을 몇 개 샀는지 맞는 그림을 고르세요.

Listen to the dialogue and choose the picture showing the correct items.

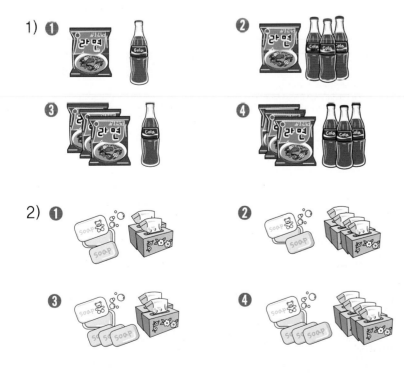

3 슈퍼마켓에서 물건을 사고 있습니다. 잘 듣고 질문에 답하세요.

A customer is buying items at a supermarket. Listen and answer the questions.

1) 무엇을 몇 개 샀어요? 맞는 그림을 고르세요.

What and how many did the customer buy? Choose the correct picture.

❶

❷

❸

❹

2) 모두 얼마입니까?

How much did everything cost?

❶ 2,500원 ❷ 3,500원 ❸ 5,500원 ❹ 6,500원

문화 **한국의 화폐** Money

● 한국에서 사용하는 화폐로 어떤 것이 있는지 알고 있습니까? 그리고 한국 화폐에 무엇이 그려져 있는지 알고 있습니까?

What are the current bank notes in Korea? Do you have any knowledge about the figures on the notes?

Korean money is comprised of coins of 10 won, 50 won, 100 won and 500 won and bank notes of 1,000 won, 5,000 won, and 10,000 won. Each note has a picture of well-known figure or item. For example, the 10 won coin depicts *Dabo* pagoda, located at *Bulguksa* in *Gyeongju* and the 50 won has sheaves of rice, representing ancient Korea, agricultural society. The 100 won coin depicts the portrait of *Lee, Sun Shin*, a great admiral from the *Chosun* dynasty, and the 500 won has a crane. The 1,000 won and 5,000 won notes depicts two renowned *Choson* scholars, *Toigye Lee, Hwang*, and *Yulgok Lee, Yi*, respectively. The 10,000 won bill depicts King *Sejong*, who invented *Han-geul*.

● 여러분 나라의 화폐에는 어떤 그림이 있습니까?

What kind of pictures are drawn on your country's coins and notes?

10원　　50원

100원　　500원

1,000원

5,000원

10,000원

Speaking_말하기

1 다음 물건의 가격이 얼마인지 알아보고 표를 채우세요.
Complete the table with the prices of the following items.

A

1) B에게 다음 물건의 가격을 알려 주세요.

2) B에게 다음 물건의 가격을 물어 보세요.

〈A〉

품목 Item	가격 Price	품목 Item	가격 Price
라면		비누	
계란		주스	
과자			

B

1) A에게 다음 물건의 가격을 물어 보세요.

〈B〉

품목 Item	가격 Price	품목 Item	가격 Price
빵		칫솔	
우유		휴지	
치약			

2) A에게 다음 물건의 가격을 알려 주세요.

2 가게 주인과 손님이 되어 물건을 사 보세요.

Imagine that you and your classmate are a store owner and a customer.

● 다음 그림을 보고 손님은 무엇을 몇 개 사야 하는지, 가게 주인은 무슨 물건이 있고, 가격이 얼마인지 확인해 보세요.

Look at the following picture. The customer should check what and how many items to buy and the store owner should check what items are available and their prices.

● 다음 그림을 보고 무엇을 몇 개 사야 하는지 확인해 보세요.

Look at the following picture and check the number of the items you should buy.

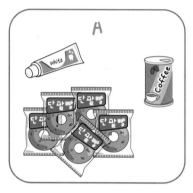

● 가게에서 물건을 사 보세요.

Try buying items at a store.

● 무엇을 몇 개 샀는지, 얼마인지 이야기해 보세요.

Talk about what and how many items you bought and calculate the total amount.

📖 Reading_읽기

1 다음은 가게에서 물건을 사고 받은 영수증입니다. 다음 문
장이 맞으면 ○, 틀리면 ×에 표시하세요.

The following is a store receipt. Mark the following statements as
either ○ or ×.

POS : 01		
품목 Item	수량 Quantity	가격 Price
과자	3	3,000
커피	2	2,400
빵	1	1,000
합계 Total		**6,400**

1) 과자하고 커피하고 빵을 샀어요.
   The customer bought cookies, coffee, and bread.   ○ ×

2) 과자는 한 개에 삼천 원이에요.
   The cookies cost 3,000 won each.   ○ ×

3) 커피를 세 개 샀어요.
   The customer bought three packages of coffee.   ○ ×

4) 모두 사천육백 원이에요.
   The total price was 4,600 won.   ○ ×

Language Tip

샀어요 means 'bought'.

한 개에 means 'per onc'.

✏️ Writing_쓰기

1 최근에 슈퍼마켓을 이용한 경험에 대한 글을 써 보세요.

Write about a recent trip to the supermarket.

● 여러분은 최근에 슈퍼마켓에서 무엇을 몇 개 샀어요? 값은
  얼마였어요? 메모해 보세요.

  What did you buy at the supermarket recently? How many did you buy?
  How much was each item? Complete the following table.

품목 Item	수량 Quantity	가격 Price
합계 Total		원

● 위의 메모를 보고 슈퍼마켓에서 무엇을 샀는지 써 보세요.

  Based on the information in the table, write on what you bought at the
  supermarket.

자기 평가 ✏️   Self-Check

● 슈퍼마켓에서 물건을 살 수 있습니까?
  Are you able to buy things at a supermarket?   Excellent ●━━●━━●━━● Poor

● 영수증을 확인하고 쇼핑 경험을 쓸 수 있습니까?
  Are you able to check your receipt and write about your shopping experience?   Excellent ●━━●━━●━━● Poor

1 –(으)세요

● -(으)세요 is used after a verb stem to make a command or request. It is used in informal situations to social superiors and older persons who are close and to peers and social inferiors who are not particularly close.

● Different forms are used depending on the last letter of the verb stem.
a. If the verb stem ends in a vowel, -세요 is used.
b. If the verb stem ends in a consonant, -으세요 is used.

(1) 주스를 주세요. Please give me juice.
(2) 문을 여세요.
(3) 앉으세요.
(4) 오늘 전화하세요.
(5) 텔레비전을 _____.
(6) 책을 _____.

2 –하고, –와/과

● -하고 and -와/과 are used between two nouns and connect those two nouns with and. -하고 is generally used in informal situations, and -와/과 is used in writing and in formal situations.

● -하고 is used for all nouns, regardless of how the noun is spelled. -와/과 are used separately depending on the last letter of the preceding noun.
a. -와 is used after nouns ending in a vowel.
b. -과 is used after nouns ending in a consonant.

> 과자하고 빵
> 빵하고 과자
> 과자와 빵
> 빵과 과자

(1) 과자하고 주스를 주세요. Please give me cookies and juice.

(2) 빵하고 우유를 사요.

(3) 김영미 씨와 박민성 씨가 있어요.

(4) 치약과 칫솔을 사요.

(5) 콜라_____ 빵을 사세요.

(6) _____ 주세요.

3 수량 명사 Quantifier

Korean has various quantifiers for counting people and objects. The following are the most commonly-used quantifiers.

~ 개 for most objects	~ 명 for counting people	~ 잔 cup / glass
~ 그릇 bowl	~ 병 bottle	~ 마리 animal

When counting people or objects, the traditional number is used and the appropriate sequence is 'number + quantifier'. The number one through four change its form to 한, 두, 세, 네.

한 개 one object	두 개 two objects	세 개 three objects	네 개 four objects
한 병 one bottle	두 병 two bottles	세 병 three bottles	네 병 four bottles
한 명 one person	두 명 two persons	세 명 three persons	네 명 four persons

In addition, when used with the noun being counted in ordinary conversation or writing, the appropriate sequence is 'noun + number + quantifier'.

사과 두 개 two apples	주스 세 병 three bottles of juice	친구 한 명 one friend

(1) 사과 두 개를 주세요. Please give me two apples.

(2) 주스 한 병을 주세요.

(3) 라면을 네 개 사요.

(4) 한국 친구가 세 명 있어요.

(5) 비누 _____ _____ 주세요.

(6) _____ _____ _____ 주세요.

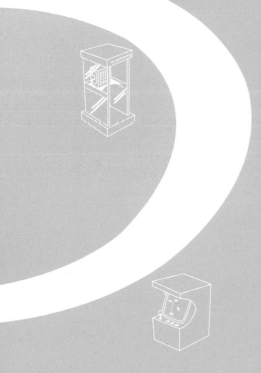

제4과 일상생활 II
Daily life II

Goals

You will be able to talk about past events and daily routine.

Topic	Daily life
Function	Talking about past events and daily routines
Activity	Listening : Listen to a conversation about the day's activities
	Speaking : Talk about daily routine
	Reading : Read about daily routine
	Writing : Write about what you did yesterday and today
Vocabulary	Time(hour/minute), Daily routine
Grammar	–았/었/였어요, 안, –에(time), –에서
Pronunciation	ㅂ and ㅃ
Culture	Time & Address

제4과 일상생활 II Daily life II

1. 무슨 그림입니까? 이 사람이 무엇을 해요?

   What is this picture about? What is this person doing?

2. 여러분은 어제 무엇을 했어요? 오늘은 무엇을 해요?

   What did you do yesterday? What are you doing today?

1

Min-su and *Amanda* met on Monday morning, and they are talking about what they did on the weekend.

민　수 : 아만다 씨, 토요일에 뭐 했어요?

아만다 : 기숙사에 있었어요.

민　수 : 기숙사에서 뭐 했어요?

아만다 : 청소했어요. 그리고 좀 쉬었어요.

　　　　 민수 씨는 뭐 했어요?

민　수 : 나는 친구를 만났어요.

• New Vocabulary

토요일 Saturday

기숙사 dormitory

(기숙사)에 있다
to stay at the dormitory

좀 a little

쉬다 to rest

2

영진 : 린다 씨, 몇 시에 일어나요?

린다 : 여섯 시쯤 일어나요.

영진 : 와! 그럼 아침에 뭘 해요?

린다 : 운동을 해요. 그리고 신문을 봐요.

영진 : 학교에 일찍 와요?

린다 : 여덟 시 반쯤 와요.

• New Vocabulary

몇 시 what time

일어나디 to wake up

여섯 시쯤 about 6:00

와 wow

그럼 then

아침 morning

일찍 early

반 half

3

오늘은 오전에 수업이 있었어요.
그리고 오후에 친구를 만났어요.
친구하고 같이 테니스를 쳤어요.
저녁에는 가족에게 이메일을
보냈어요.

• New Vocabulary

오전 AM

수업 class

오후 PM

친구하고 with a friend

테니스를 치다 to play tennis

저녁 evening

가족에게 to the family

이메일을 보내다
to send an e-mail

1 과거형을 익혀 보세요.
Let's learn the past tense forms.

> **보기1**   **살다**   살았어요. I lived.

❶ 놀다   ❷ 가다   ❸ 자다

❹ 만나다   ❺ 오다   ❻ 보다

> **보기2**   **먹다**   먹었어요. I ate.

❶ 읽다   ❷ 웃다   ❸ 마시다

❹ 기다리다   ❺ 듣다   ❻ 쓰다

> **보기3**   **공부하다**   공부했어요. I studied.

❶ 이야기하다   ❷ 일하다   ❸ 전화하다

❹ 대답하다   ❺ 질문하다   ❻ 빨래하다

2 〈보기〉와 같이 묻고 대답해 보세요.
Ask and answer questions as in example.

> **보기**
>
>
>
> 가 : 어제 뭘 했어요?
> What did you do yesterday?
>
> 나 : 친구를 만났어요.
> I met a friend.

❶    ❷   ❸

❹   ❺   ❻

● **New Vocabulary**

빨래하다 to do laundry

● **발음 Pronunciation**

ㅂ and ㅃ

불   뿔

When ㅂ is in the initial position, it is pronounced with a low tone and ㅃ are pronounced with a high tone. Put your lips together briefly when pronouncing ㅂ and put your lips together for a longer time when pronouncing ㅃ. In the case of ㅂ, slight aspiration follows after the explosion but ㅃ does not accompany aspiration.

▶ 연습해 보세요.
(1) 가 : 빨래해요?
    나 : 네, 빨래해요.
(2) 가 : 바빠요?
    나 : 네, 바빠요.
(3) 방에서 빵을 먹어요.
(4) 빨리 병원에 가세요.

● **New Vocabulary**

영화 movie
편지 letter

3 〈보기〉와 같이 묻고 대답해 보세요.

Ask and answer questions as in example.

보기

친구를 만나다

가 : 어제 친구를 만났어요?
Did you meet your friend yesterday?

나 : 아니요, (친구를) 안 만났어요.
No, I didn't meet (my friend).

❶ 영화를 보다　　❷ 공부를 하다　　❸ 책을 읽다

❹ 편지를 쓰다　　❺ 전화를 하다　　❻ 음악을 듣다

4 〈보기 1〉이나 〈보기 2〉와 같이 묻고 대답해 보세요.

Ask and answer questions as in example 1 or 2.

보기1

가 : 어제 친구를 만났어요?
Did you meet your friend yesterday?

나 : 네, 친구를 만났어요.
Yes, I met my friend.

보기2

가 : 어제 친구를 만났어요?
Did you meet your friend yesterday?

나 : 아니요, 안 만났어요.
No, I didn't meet my friend.

❶  　❷

❸   　❹

❺   　❻

5 〈보기〉와 같이 묻고 대답해 보세요.

Ask and answer questions as in example.

보기	
	가 : 지금 몇 시예요? What time is it now? 나 : 한 시 삼십 분이에요. / 한 시 반이에요. It is 1:30.

❶   **❷**   **❸**

❹   **❺**   **❻**

시 Hour	
한 시	1:00
두 시	2:00
세 시	3:00
네 시	4:00
다섯 시	5:00
여섯 시	6:00
일곱 시	7:00
여덟 시	8:00
아홉 시	9:00
열 시	10:00
열한 시	11:00
열두 시	12:00

6 〈보기〉와 같이 묻고 대답해 보세요.

Ask and answer questions as in example.

보기	
학교에 오다 / 8:00	가 : 몇 시에 학교에 왔어요? What time did you come to school? 나 : 여덟 시에 (학교에) 왔어요. I came to school at 8:00.

❶ 친구를 만나다 / 3:00   **❷** 집에 가다 / 6:00

❸ 수업이 끝나다 / 1:00   **❹** 밥을 먹다 / 7:30

❺ 전화를 하다 / 11:20   **❻** 한국어를 공부하다 / 9:30

분 Minute	
일 분	1 minute
이 분	2 minutes
삼 분	3 minutes
십 분	10 minutes
십일 분	11 minutes
십이 분	12 minutes
이십 분	20 minutes
삼십 분	30 minutes
반	half

New Vocabulary

끝나다	to finish

7 〈보기〉와 같이 묻고 대답해 보세요.

Ask and answer questions as in example.

보기	
한국어를 공부하다 / 오전	가 : 언제 한국어를 공부해요? When do you study Korean? 나 : 오전에 공부해요. I study in the morning.

❶ 운동을 하다 / 아침   **❷** 학교에 가다 / 오후

❸ 수업이 있다 / 오전   **❹** 텔레비전을 보다 / 저녁

❺ 편지를 쓰다 / 밤   **❻** 친구를 만나다 / 낮

시간1 Time 1	
언제	when
오전	AM
오후	PM
아침	morning
점심	around lunch time
저녁	evening
낮	daytime
밤	night

8 〈보기〉와 같이 묻고 대답해 보세요.

Ask and answer questions as in example.

>
>
> 오전
>
> 가 : 친구를 오전에 만났어요?
> Did you meet your friend in the morning?
>
> 나 : 네, 오전에 만났어요.
> Yes, I did.

❶ 오늘　　　　❷ 어제　　　　❸ 그저께

❹ 조금 전　　　❺ 오늘 10시　　❻ 어제 저녁

9 〈보기〉와 같이 묻고 대답해 보세요.

Ask and answer questions as in example.

> 극장, 영화를 보다
>
> 가 : 어제 뭐 했어요?
> What did you do yesterday?
>
> 나 : 극장에서 영화를 봤어요.
> I watched a movie at the theater.

❶ 집, 쉬다　　　　　❷ 시내, 친구를 만나다

❸ 학교, 공부하다　　❹ 도서관, 책을 읽다

Language Tip

-에 is not attached to 오늘, 내일, 어제, 그저께 and 모레.

Language Tip

When you use more than one time expression, put the larger units of time before the smaller ones.

▶ 예 : 오늘 오후, 어제 저녁

10 〈보기〉와 같이 묻고 대답해 보세요.

Ask and answer questions following the example.

>
>
> 어제 / 집에 있다, 쉬다
>
> 가 : 어제 뭐 했어요?
> What did you do yesterday?
>
> 나 : 집에 있었어요.
> I stayed at home.
>
> 가 : 집에서 뭐 했어요?
> What did you do at home?
>
> 나 : 쉬었어요.
> I took a rest.

❶ 토요일 / 공원에 가다, 운동을 하다

❷ 오전 / 기숙사에 있다, 청소하다

❸ 어제 / 집에 있다, 책을 읽다

❹ 오늘 / 시내에 가다, 친구를 만나다

New Vocabulary

시내 downtown

11 다음 그림을 보고, 이 사람이 무슨 활동을 하는지 이야기
해 보세요.

Look at the picture, and talk about what the person is doing.

하루 일과 Daily routine

일어나다 to wake up
자다 to sleep
샤워하다 to take a shower
학교에 가다 to go to school
수업이 시작되다 class starts
수업이 끝나다 class ends
출근하다 to go to work
퇴근하다 to leave work
일하다 to work
청소하다 to clean
요리하다 to cook
빨래하다 to do laundry

Listening_듣기

1 다음 대화를 듣고 맞는 시간을 고르세요.

Listen to the dialogue and choose the correct time.

1) ❶ 어제   2) ❶ 오전   3) ❶ 6:00

     ❷ 오늘   ❷ 오후   ❷ 8:00

2 아만다와 케빈이 대화하고 있습니다. 잘 듣고 질문에 대답하세요.

Listen to the dialogue between *Amanda* and *Kevin* and answer the questions.

1) 케빈 씨는 오늘 무슨 수업이 있어요?

     ❶ 한국어   ❷ 한국어와 역사

2) 몇 시에 수업이 끝나요?

     ❶ 4:00   ❷ 2:00

3) 오늘 저녁에 아만다 씨하고 케빈 씨는 만나요?

     ❶ 네, 만나요.   ❷ 아니요, 안 만나요.

 **문화**   **시간, 주소 쓰는 방법** Time & Address

● 여러분의 나라에서는 시간을 중복해서 쓰거나, 날짜를 쓰거나, 주소를 쓸 때, 어떤 순서로 씁니까?

How do you put together different time expressions or address when there are more than one expression in a sentence?

 When you use more than one time expression, put the larger unit of time before the smaller one in Korean. Therefore when you make a phrase with 오늘, 오전, and 아홉 시, you have to say 오늘 오전 아홉 시. In terms of date of birth, the order should be like 1984년 3월 30일. The address is written in a same order as 서울 특별시 성북구 안암동 5가 1번지.

내일 오전에 뭐 해요?	What are you doing tomorrow morning?
오늘 오후 세 시쯤 시간 있어요?	Do you have time at about 3 o'clock this afternoon?
7월 12일에 만났어요.	I met him/her on the 12th of July.
저는 일본 도쿄에서 왔어요.	I came from Tokyo, Japan.

 **Speaking_말하기**

1 친구들이 어제 어떤 활동을 했는지 알아보세요.
Find out what your classmates did yesterday.

● 물어 볼 활동이 어떤 것인지 읽어 보고 다음 빈 칸에 여러분이 묻고 싶은 내용을 쓰세요.
Read the following list of activities, and fill in the last row with an activity that you want to ask about.

활동 ＼ 이름			
운동을 하다			
공부를 하다			
영화를 보다			

● 친구들은 위의 활동을 했는지, 언제 했는지 물어 보세요. 그리고 〈보기〉와 같이 관련된 질문을 해 보세요.
Ask your classmate about which of the above activities s/he did and when. Then, as in example, ask a follow-up question for more details.

> 보기
>
> 가 : 어제 운동을 했어요?
>
> 나 : 네, 했어요.
>
> 가 : 언제 운동을 했어요?
>
> 나 : 아침에 했어요.
>
> 가 : 무슨 운동을 했어요?
>
> 나 : 테니스를 쳤어요.

2 옆 친구와 하루 일과에 대해 이야기를 해 보세요.
Talk about your daily routine with another classmate.

1) 보통 몇 시에 일어나요? 그리고 뭐 해요?
2) 아침에 뭘 먹어요? 그리고 어디에서 점심을 먹어요?
   보통 누구하고 먹어요?
3) 몇 시에 학교에 와요? / 몇 시에 회사에 가요?
4) 오후에 보통 뭐 해요? 그리고 집에 몇 시에 가요?
5) 저녁에 뭐 해요? 텔레비전을 많이 봐요? 그리고 몇 시에 자요?

● New Vocabulary

보통 usually

점심을 먹다 to have a lunch

누구하고 with whom

많이 a lot

📖 Reading_읽기

1 다음 그림과 편지를 비교해 차이점을 찾아보세요.

Find out the differences between the picture and the letter.

● 다음 그림은 마이클 씨가 오늘 한 활동입니다. 언제 무슨 활
동을 했는지 살펴보세요.

The picture below shows what *Michael* did today. Find out which activities he
did and when.

08:20   09:30   12:00

22:00   17:00   14:00 ~ 15:30   12:00 ~ 13:30

● 다음은 마이클 씨가 여자 친구 경미 씨에게 쓴 이메일입니
다. 마이클 씨는 경미 씨에게 거짓말로 이메일을 썼습니다.
위의 그림과 이메일 내용을 비교한 후, 마이클 씨가 어떤 거
짓말을 했는지 이야기해 보세요.

The following is an e-mail *Michael* wrote to his girlfriend *Gyeong-mi*. Please
note that *Michael* lied in his e-mail. Compare the above picture with the e-
mail to reveal *Michael*'s lies.

메일 쓰기	○○○
보낸 사람	마이클
받는 사람	경미
제목	

오늘은 오전에 수업이 있었어요. 열두 시에 수업이 끝났어요. 나는
점심을 먹고 도서관에 갔어요. 그리고 저녁 일곱 시까지 도서관에
서 공부했어요. 그리고 학교에서 삼십 분쯤 조깅을 했어요. 여덟
시쯤에 집에 왔어요. 저녁을 먹고 경미 씨에게 편지를 써요.

Writing_쓰기

1 여러분이 어제와 오늘 한 일을 써 보세요.
Write about what you did yesterday and today.

● 먼저 언제, 어디에서, 무엇을 했는지 생각한 후 메모해 보세요.
First, briefly note what you did, when, and where.

● 메모한 내용을 바탕으로 위의 행동을 한 장소와 시간을 구체
적으로 밝히며 글을 써 보세요.
Based on the memo you wrote above, write about what you did in more detail.
Be sure to include the location and the time for each activity.

자기 평가 ✏️　　　　　　　　　　　Self-Check

● 어제 한 일을 이야기할 수 있습니까?
Are you able to talk about what you did yesterday?

Excellent ●——●——●——● Poor

● 하루 일과에 대해 이야기할 수 있습니까?
Are you able to talk about your daily routine?

Excellent ●——●——●——● Poor

● 하루 일과를 설명하는 글을 읽고 쓸 수 있습니까?
Are you able to read and write a paragraph describing daily routine?

Excellent ●——●——●——● Poor

1 –았/었/였어요

- -았/었/였어요 is a sentence-ending suffix indicating past tense. This is a combined form of -았/었/였- and -어요. It is appropriate for most daily and informal conversations with people of higher social status and with people you do not know well. It is used for both statements and questions.

> 먹다   먹 + 었 + 어요 → 먹었어요. / 먹었어요?
>
> I ate. / Did you eat?

- This takes two forms depending on the vowel of the verb stem.
  a. If the vowel in the verb stem is either ㅏ or ㅗ, -았어요 is used.
  b. If the vowel in the verb stem is any vowel other than ㅏ and ㅗ, -었어요 is used.
  c. For 하다, the correct form is 하였어요 which is normally contracted into 했어요.

> 살다   살 + 았어요 → 살았어요
> 먹다   먹 + 었어요 → 먹었어요
> 학생이다   학생이 + 었어요 → 학생이었어요
> 일하다   일하 + 였어요 → 일하였어요 → 일했어요

- Like the present tense form -아/어/여요, if the verb stem ends in a vowel, the vowel is omitted (if it is duplicated) or it is combined with the previous vowel to make a complex vowel.

> 가다   가 + 았어요 → 갔어요
> 서다   서 + 었어요 → 섰어요
> 오다   오 + 았어요 → 왔어요
> 마시다   마시 + 었어요 → 마셨어요

Basic form	Stem	Ending	Omission/Contraction	Statement	Question
살다	살	았어요	/	살았어요	살았어요?
가다	가	았어요	갔어요	갔어요	갔어요?
보다	보	았어요	봤어요	봤어요	봤어요?
먹다	먹	었어요	/	먹었어요	먹었어요?
기다리다	기다리	었어요	기다렸어요	기다렸어요	기다렸어요?
의사이다	의사이	었어요	의사였어요	의사였어요	의사였어요?
하다	하	였어요	했어요	했어요	했어요?
놀다					
만나다					
공부하다					
읽다					
학생이다					

(1) 가 : 어제 친구를 만났어요? Did you meet your friend yesterday?

　　나 : 네, 친구를 만났어요. Yes, I met my friend yesterday.

(2) 가 : 밥을 먹었어요?

　　나 : 네, 먹었어요.

(3) 가 : 어제 뭐 했어요?

　　나 : 운동을 했어요.

(4) 가 : 책을 다 _____? (읽다)

　　나 : 네, 다 _____.

(5) 가 : 수미에게 _____? (전화하다)

　　나 : 네, _____.

(6) 가 : 재미있게 _____? (놀다)

　　나 : 네, 재미있게 _____.

• New Vocabulary

다 all

재미있게 놀다 to have fun

2 안

● To change statements or questions where verbs or adjectives are used into negative sentences, the adverb 안 is inserted before the predicate (verb or adjective).

점심을 먹었어요. I ate lunch.

점심을 안 먹었어요. I did not eat lunch.

● For most verbs that consist of noun + 하다 (such as 공부하다, 전화하다, 이야기하다), the adverb 안 is inserted between the noun and 하다 to make a negative form.

공부하다 → 공부(를) 안 하다 (○)
안 공부하다 (×)

(1) 오늘 친구를 안 만났어요. I did not meet my friend today.

(2) 오늘은 안 바빠요.

(3) 미도리 씨가 학교에 안 왔어요.

(4) 청소를 안 했어요?

(5) 나는 어제 _____. (텔레비전을 보다)

(6) 수미에게 _____. (전화하다)

3 -에

- -에 is used after a word indicating the time that some event happened or will happen.
  언제 (meaning 'when') is used to ask about the time.

  가 : 언제 수미 씨를 만났어요? When did you meet *Su-mi*?

  나 : 오전에 만났어요. I met her in the morning.

- However, -에 is not used after 지금, 오늘, 내일, 모레, 어제, and 그저께.

  (1) 아침에 운동을 해요. I exercise in the morning.

  (2) 내일 공원에 가요?

  (3) 한 시에 친구를 만났어요.

  (4) 열 시에 집에 갔어요.

  (5) _____ 신문을 봐요. (아침)

  (6) _____. (오늘 오후)

4 -에서

- -에서 is used after a noun indicating the location of some activity. This has to be used with action verbs.

  가: 어디에서 점심을 먹었어요? Where did you eat lunch?

  나: 서울 식당에서 먹었어요. I ate at *Seoul* Restaurant.

  (1) 마이클 씨는 지금 도서관에서 공부해요. *Michael* is studying at the library now.

  (2) 서울에서 친구를 만났어요.

  (3) 집에서 텔레비전을 볼 거예요.

  (4) 이 우산을 _____ 샀어요?

  (5) 어제 _____ 영화를 봤어요.

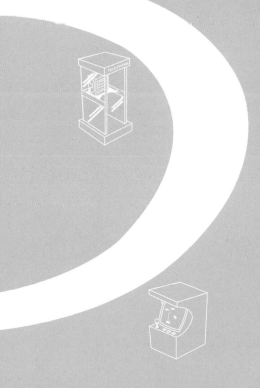

제5과 위치
Location

Goals

You will be able to ask and answer questions about the locations of places and objects.

Topic	Location
Function	Talking about locations of places and objects
	Asking for directions
	Giving directions
Activity	Listening : Listen to conversations in which directions are being asked and given
	Speaking : Ask for directions to a destination
	Reading : Read directions
	Writing : Write directions
Vocabulary	Places, Things in a room/school, Location, Direction, Movement
Grammar	-이/가, -에 있다/없다, -(으)로 가다
Pronunciation	Syllable-final consonants ㅁ, ㄴ, ㅇ
Culture	Gratitude & Apology

제5과 위치 Location

1. 두 사람은 무슨 이야기를 하고 있을까요?

   What might the two people be talking about?

2 길을 묻거나 알려 줄 때 어떻게 말해요?

   What do you say when asking for or giving directions?

1

수잔 : 영미 씨, 하나 커피숍이 어디에 있어요?

영미 : 하나 극장을 알아요?

수잔 : 네, 알아요. 공원 옆에 있어요.

영미 : 하나 커피숍은 하나 극장 4층에 있어요.

수잔 : 고마워요.

New Vocabulary

어디에 있어요? Where is this?

알다 to know

공원 park

옆 next to

(4)층 (4th) floor

고마워요. Thank you.

2

행인1 : 실례합니다. 이 근처에 서점이 있어요?

행인2 : 네, 있어요. 저기 서울 백화점이 있지요?

행인1 : 네, 있어요.

행인2 : 서울 백화점 앞에서 길을 건너가세요.
　　　　그리고 왼쪽으로 100미터쯤 가세요.
　　　　거기에 서점이 있어요.

행인1 : 감사합니다.

New Vocabulary

실례합니다. Excuse me.

근처 near

서점 bookstore

저기 over there

(백화점이) 있지요?
There is (a department store), isn't it?

앞 in front of

길 street

건너가다 to cross

왼쪽 left

100미터쯤 about 100 meter

거기 there

감사합니다. Thank you.

3

우리 집은 안암역 근처에 있어요. 안암역 사거리에 우체
국이 있어요. 우체국 앞에서 오른쪽으로 100미터쯤 가세
요. 거기에 슈퍼마켓이 있어요. 슈퍼마켓 앞에서 길을 건
너가세요. 거기에 우리 집이 있어요.

New Vocabulary

우리 집 my house

안암역 *Anam* station

사거리 intersection

오른쪽 right

1 다음 그림을 보고 〈보기 1〉이나 〈보기 2〉와 같이 이야기해
보세요. Look at the picture and say as in example 1 or 2.

장소 Place
서점 bookstore
문방구 stationery store
미용실 beauty salon
이발소 barbershop
버스 정류장 bus stop
지하철역 subway station

보기1 우체국이 있어요. There is a post office.

보기2 가게가 있어요. There is a store.

2 다음 그림을 보고 〈보기 1〉이나 〈보기 2〉와 같이 묻고 대
답해 보세요.

Look at the picture and then ask and answer questions as in
example 1 or 2.

방 안 사물 Things in a room
책상 desk
의자 chair
컴퓨터 computer
침대 bed
거울 mirror
시계 clock
옷장 wardrobe
문 door
창문 window
달력 calendar
신문 newspaper

보기1 책상

가 : 책상이 있어요?
Is there a desk?

나 : 네, 책상이 있어요.
Yes, there is a desk.

보기2 컴퓨터

가 : 컴퓨터가 있어요?
Is there a computer?

나 : 아니요, 컴퓨터가 없어요.
No, there is no computer.

❶ 침대   ❷ 신문   ❸ 거울

❹ 시계   ❺ 의자   ❻ 옷

3 〈보기〉와 같이 이야기해 보세요.
Say as in the example.

보기

| 교실 , 칠판 | 교실에 칠판이 있어요.
There is a blackboard in the classroom. |

학교 사물 Things in a school

교실 classroom
칠판 blackboard
가방 backpack
책 book
노트 notebook

❶ 방, 침대　　❷ 교실, 달력　　❸ 가방, 책

❹ 방, 텔레비전　　❺ 교실, 컴퓨터　　❻ 가방, 노트

4 다음 그림을 보고 〈보기〉와 같이 이야기해 보세요.
Look at the picture and then ask and answer questions following the example.

Language Tip

'어디에 있어요?' is used to ask where something or someone is. In speaking, the particle -에 is generally omitted.

보기

수미

가 : 수미가 어디에 있어요?
　　Where is *su-mi*?
나 : 은행에 있어요.
　　She's in a bank.

❶
린다

❷
조셉

❸
나탈리

❹
에리

❺
밍밍

❻
마이클

5 다음 그림을 보고 〈보기〉와 같이 묻고 대답해 보세요.

Look at the picture and then ask and answer questions as in example.

보기

가 : 고양이가 어디에 있어요?
　　　Where is the cat?

나 : 의자 위에 있어요.
　　　It is on the chair.

❶ 　❷ 　❸

❹ 　❺ 　❻

6 다음 그림을 보고 〈보기〉와 같이 묻고 대답해 보세요.

Look at the picture and then ask and answer questions as in example.

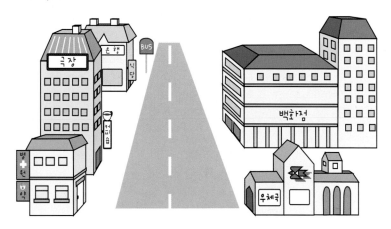

보기

은행 / 식당

가 : 은행이 어디에 있어요?
　　　Where is the bank?

나 : 식당 위에 있어요.
　　　It is above the restaurant.

❶ 약국 / 병원　❷ 버스 정류장 / 식당　❸ 커피숍 / 약국, 식당
❹ 백화점 / 극장　❺ 극장 / 커피숍　❻ 우체국 / 백화점

위치　Location

앞	front
뒤	back
옆	next to
위	on/above
아래/밑	below/under
안	inside
밖	outside
사이	between
건너편	across

New Vocabulary

상자　box

발음　Pronuciation

Syllable-final consonants
ㅁ, ㄴ, ㅇ

잠

잔

장

ㅁ is pronounced with the lips closed, ㄴ with the tip of the tongue touching the upper gums, and ㅇ with the back of the tongue attached to the back of the palate.

잠　잔

장

▶연습해 보세요.
(1) 서점, 아침, 점심
(2) 사전, 우산, 인사
(3) 공, 가방, 노래방

7 〈보기 1〉이나 〈보기 2〉와 같이 이야기해 보세요.

Say as in examples 1or 2.

> 보기1
>
> **위**　　위로 가세요. Go up.

> 보기2
>
> **밖**　　밖으로 가세요. Go outside.

방향 Direction

오른쪽	right side
왼쪽	left side
이쪽	this side
저쪽	that side

❶ 아래　　　　　❷ 오른쪽　　　　　❸ 왼쪽

❹ 옆　　　　　❺ 이쪽　　　　　❻ 저쪽

8 〈보기〉와 같이 길을 묻고 대답해 보세요.

Ask for and give directions as in example.

> 보기
>
> **고려 병원 /**　　가 : 고려 병원이 어디에 있어요?
> **똑바로 가다**　　　 Where is *Goryeo* Hospital?
> 　　　　　　　나 : 똑바로 가세요.
> 　　　　　　　　　 Go straight ahead.

이동 Movement

똑바로 가다
to go straight ahead

오른쪽/왼쪽/이쪽/저쪽으로 가다
to go right/left/this way/that way

길을 건너가다
to cross the street

올라가다 to go up

내려가다 to go down

들어가다 to go inside

나가다 to go outside

❶ 하나 은행 / 오른쪽으로 가다　　❷ 우체국 / 저쪽으로 가다

❸ 서울 커피숍 / 2층으로 올라가다　❹ 공중전화 / 안으로 들어가다

❺ 버스 정류장 / 밖으로 나가다　　❻ 안암 극장 / 길을 건너가다

9 〈보기〉와 같이 길을 묻고 대답해 보세요.

Ask for and give directions as in example.

> 보기
>
> **우체국 /**　　가 : 실례합니다. 우체국이 어디에 있어요?
> **은행 앞,**　　　 Excuse me, where is the post office?
> **오른쪽으로**　나 : 저기 은행 앞에서 오른쪽으로 가세요.
> **가다**　　　　　 In front of that bank, turn right.
> 　　　　　　가 : 고맙습니다.
> 　　　　　　　 Thank you.

New Vocabulary

삼거리 three-way junction

❶ 병원 / 극장 앞, 왼쪽으로 가다

❷ 은행 / 식당 앞, 길을 건너가다

❸ 서울 식당 / 미용실 앞, 오른쪽으로 돌아가다

❹ 삼거리 / 똑바로 100미터쯤 가다

❺ 사거리 / 오른쪽으로 50미터쯤 가다

10 〈보기〉와 같이 길을 묻고 대답해 보세요.
Ask for and give directions as in example.

> 보기
>
> 우체국 /
> 옆
>
> 가 : 실례지만 이 근처에 우체국이 있어요?
> Excuse me, is there a post office in this area?
>
> 나 : 네, 있어요. 저기 서울 빌딩이 있지요?
> Yes, there is. Do you see the *Seoul* Building over there?
>
> 가 : 네, 있어요.
> Yes, I do.
>
> 나 : 우체국은 서울 빌딩 옆에 있어요.
> The post office is next to the *Seoul* Building.

❶ 극장 / 5층   ❷ 슈퍼마켓 / 앞   ❸ 은행 / 옆

❹ 서점 / 안   ❺ 약국 / 건너편   ❻ 병원 / 오른쪽

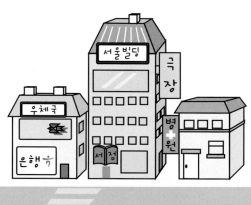

Listening_듣기

1 어떤 방의 모습을 설명하고 있습니다. 내용을 잘 듣고 설명이 맞으면 ○, 설명이 틀리면 × 에 표시하세요.

Listen to the description of a room and mark each description as either ○ or ×.

1) ○ ×
2) ○ ×
3) ○ ×
4) ○ ×

2 어떤 장소가 어디에 있는지 묻고 있습니다. 잘 듣고 묻는 곳이 어느 곳인지 기호를 쓰세요.

Listen to the dialogue and mark the place being discussed with the matching letter.

1) _____
2) _____
3) _____
4) _____

3 다음 대화를 잘 듣고 어느 곳인지 표시하세요.

Listen to the dialogue and mark the place being discussed.

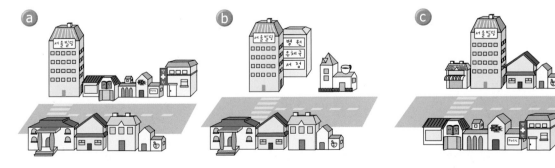

🎙 Speaking_말하기

1 다음 지도를 이용하여 A와 B가 되어 길을 묻고 가르쳐 주세요.
Look at the map and ask for and give directions.

1) A 약국을 찾고 있어요. 길을 가는 사람에게 물어 보세요.
You are looking for a pharmacy. Ask someone passing by.

B A가 길을 물어 보면 알려 주세요.
If A asks for directions, tell him/her how to get to his/her destination.

2) A 서점을 찾고 있어요. 길을 가는 사람에게 물어 보세요.
You are looking for a bookstore. Ask someone passing by.

B A가 길을 물어 보면 알려 주세요.
If A asks for directions, tell him/her how to get to his/her destination.

3) A 극장을 찾고 있어요. 길을 가는 사람에게 물어 보세요.
You are looking for a movie theater. Ask someone passing by.

B A가 길을 물어 보면 알려 주세요.
If A asks for directions, tell him/her how to get to his/her destination.

📖 Reading_읽기

1 마이클 씨는 오늘 영준 씨와 약속을 했습니다. 영준 씨가 약속 장소를 알려 주는 메모를 써 주었습니다. 다음 글을 잘 읽고 마이클 씨가 어느 커피숍으로 가야 할지 찾아보세요.

Michael has an appointment with *Young-Jun* today. Read the note that *Young-Jun* wrote explaining where to meet, and then find the coffee shop *Michael* should go to.

> 마이클 씨,
>
> 고려 커피숍은 지하철역에서 가까워요.
>
> 지하철역 옆에 고려 극장이 있어요. 고려 극장에서 오른쪽
>
> 으로 100미터쯤 오세요. 거기에 슈퍼마켓이 있어요.
>
> 고려 커피숍은 슈퍼마켓 2층에 있어요.

  **문화** '고맙습니다', '미안합니다', '괜찮습니다' Gratitude & Apology

- 한국 사람들은 다음과 같은 상황에서 어떤 말을 할까요?
  Can you guess what Koreans will say in the following situations?

A : 고맙습니다. / 감사합니다.
B : 아니에요. / 별 말씀을요.

A : 미안합니다. / 죄송합니다.
B : 아니에요. / 괜찮아요.

  '감사합니다.' and '죄송합니다.' are more formal expressions than '고맙습니다.' and '미안합니다.'

- 친구와 감사/사과의 인사를 해 보세요.
  Exchange thanking/apologizing expressions with your friend.

1 친구와 안암 식당에서 만나기로 했는데, 친구가 위치를 잘 모릅니다. 그래서 친구에게 찾아오는 방법을 알려 주려고 합니다. 다음 지도를 보고 안암 식당의 위치를 설명하는 글을 써 보세요.

You are meeting a friend at *Anam* Restaurant, but your friend doesn't know the exact location of the restaurant. Look at the map and write a memo explaining where the restaurant is.

1 −이/가

- −이/가 is a subject particle attached to a noun to indicate the subject of a sentence.

친구가 와요. My friend is coming.

옷이 비싸요. That clothing is expensive.

- This particle takes two forms depending on the last letter of the preceding noun.

  a. If the preceding noun ends in a consonant, −이 is used.

  b. If the preceding noun ends in a vowel, −가 is used.

우산이 있어요. I have an umbrella.

시계가 없어요. I don't have a watch.

(1) 아기가 울어요. The baby is crying.

(2) 시계가 맛있어요.

(3) 가방이 비싸요.

(4) 기분이 좋아요.

(5) 시간   없어요.

(6) _____ 전화를 했어요.

New Vocabulary

아기 baby

맛있다 delicious

비싸다 expensive

기분이 좋다 to feel happy

2 −에 있다/없다

- −에 있다/없다 is used after a location word to state (or ask) whether someone or something is at that location.

사람들이 식당에 있어요. People are at the restaurant.

책이 책상 위에 있어요. The book is on top of the desk.

(1) 사전이 어디에 있어요? Where is the dictionary?

(2) 필통에 볼펜이 없어요.

(3) 건물 안에 공중전화가 없어요.

(4) 은행이 우체국하고 식당 사이에 있어요.

(5) 수미 씨가 린다 씨 _____ 있어요.

(6) 텔레비전이 _____ 있어요.

New Vocabulary

사람들 people

사전 dictionary

필통 pencil case

볼펜 ball-point pen

공중전화 public phone

3 –(으)로 가다

● -(으)로 is a particle attached to a noun to indicate the direction of a movement. It indicates one choice (up/down, right/left side, front/back, this side/that side/that side over there etc.) among various possibilities, and must be used with a verb of movement, such as 가다, 오다, 올라가다, 내려가다, 들어가다, or 나가다. When asking for directions, the following expressions '어디로/어느 쪽으로 가요?' can be used.

앞으로 가세요. Go to the front.

위로 올라가세요. Go up.

어느 쪽으로 가요? Which side should I go to?

● -(으)로 takes two forms depending on the last letter of the noun.

a. If the preceding noun ends in a vowel or ㄹ, -로 is used.

b. If the preceding noun ends in a consonant except for ㄹ, -으로 is used.

(1) 이쪽으로 오세요. Come to this side.

(2) 왼쪽으로 가세요.

(3) 2층으로 올라가세요.

(4) 안으로 들어오세요.

(5) _____ 가세요.

(6) _____ 내려가세요.

MEMO

제6과 음식
Food

Goals

You will be able to talk about food and order at a restaurant.

Topic	Food
Function	Talking about one's favorite things
	Ordering food, Making a suggestion
Activity	Listening : Listen to a conversation at a restaurant
	Speaking : Ask people what they will eat and order at a restaurant
	Reading : Read a menu and a text about someone's favorite foods
	Writing : Write about your eating habits and your favorite foods
Vocabulary	Food, Taste
Grammar	-(으)ㄹ래요, -아/어/여요(propositive ending), -(으)러 가다
Pronunciation	Intonation of wh-question and yes-no question
Culture	Table settings

제6과 음식 Food

1. 여기는 어디입니까? 두 사람은 무엇을 하고 있어요?
   Where is this place? What are the two people doing?

2. 두 사람은 무슨 말을 하고 있을까요?
   What might the two people be talking about?

1

Two people are talking at a restaurant.

수　미 : 린다 씨, 뭐 먹을래요?

린　다 : 된장찌개 먹을래요. 수미 씨는 뭐 먹을래요?

수　미 : 저는 비빔밥을 먹을래요.

린　다 : 여기요.

종업원 : 주문하시겠어요?

린　다 : 비빔밥 하나하고 된장찌개 하나 주세요.

2

수미 : 린다 씨, 뭐 먹을래요?

린다 : 음, 이건 뭐예요?

수미 : 불고기예요.

린다 : 매워요?

수미 : 아니요, 안 매워요. 맛있어요.

린다 : 그러면 우리 이거 먹어요.

3

나는 한국 음식을 아주 좋아해요. 특히 김치찌개를 좋아
해요. 김치찌개는 조금 매워요. 그렇지만 아주 맛있어요.
오늘은 친구들하고 갈비를 먹으러 갔어요. 냉면도 아주
맛있었어요.

- **New Vocabulary**

된장찌개 bean-paste pot stew

비빔밥
rice mixed with cooked
vegetables

여기요. Excuse me.

주문하시겠어요?
Can I take your order?

- **Language Tip**

At a restaurant or a coffee
shop, you can call a waitress
with 아가씨/아주머니
depending on their age, and a
waiter with 아저씨. However,
여기요 and 저기요 are both
frequently used to call them
regardless of gender or age.

- **New Vocabulary**

이거 this (colloquial form)

불고기 grilled beef

맵다 to be spicy

그러면 then

음식 food

좋아하다 to like

조금 a little

그렇지만 however

아주 very

특히 especially

갈비 roasted ribs

냉면 cold noodles

1 〈보기〉와 같이 이야기해 보세요.

> 보기
>
>
>
> 가 : 무슨 음식을 좋아해요?
> What food do you like?
>
> 나 : 김치찌개를 좋아해요.
> I like 김치찌개.

 Language Tip

Putting 무슨 in front of a noun means 'what kind of ~' as in 무슨 음식.

 ❶   ❷  ❸

 ❹  ❺ ❻

 ❼ ❽ ❾

음식　Food

비빔밥	rice mixed with cooked vegetables
불고기	grilled beef (sliced and seasoned)
갈비	roasted ribs
냉면	cold noodles
김치찌개	stew with kimchi
된장찌개	bean-paste pot stew
삼계탕	chicken soup with ginseng
갈비탕	beef-rib soup
김밥	rice rolled in dried laver
칼국수	handmade noodle

2 〈보기〉와 같이 이야기해 보세요.

> 보기
>
>
>
> 가 : 뭐 먹을래요?
> What would you like to eat?
>
> 나 : 비빔밥을 먹을래요.
> I'd like to eat 비빔밥.

 ❶   ❷ ❸

❹ ❺ ❻

3 〈보기〉와 같이 이야기해 보세요.

> 보기
>
> 냉면
>
> 가 : 뭐 드실래요?
> What would you like to eat?
>
> 나 : 냉면 주세요.
> Please give me 냉면.

❶ 김치찌개 ❷ 된장찌개 ❸ 갈비탕

❹ 칼국수 ❺ 커피 ❻ 콜라

4 〈보기〉와 같이 이야기해 보세요.

> 보기
>
> 김치찌개를 먹다
>
> 가 : 우리 김치찌개를 먹을래요?
> Would you like to eat 김치찌개?
>
> 나 : 네, 좋아요. 김치찌개를 먹어요.
> Sounds good. Let's eat 김치찌개.

❶ 내일 만나다 ❷ 영화를 보다

❸ 커피를 마시다 ❹ 여기에 앉다

❺ 텔레비전을 보다 ❻ 불고기를 만들다

5 〈보기〉와 같이 이야기해 보세요.

> 보기
>
> 가 : 맛이 어때요? How is the taste?
>
> 나 : 싱거워요. It's bland.

❶   ❷   ❸

❹   ❺   ❻

6 〈보기〉와 같이 이야기해 보세요.

보기

삼계탕

가 : 뭐 먹을래요?
What would you like to eat?

나 : 저는 삼계탕을 먹을래요. ○○ 씨는

뭐 먹을래요?
I'd like to eat 삼계탕. What would you like to eat?

가 : 삼계탕은 맛있어요?
How does 삼계탕 taste?

나 : 맛있어요.
It's delicious.

가 : 그럼 저도 삼계탕을 먹을래요.
O.K. Then I'd like to eat 삼계탕, too.

❶ 라면 　　　　　　❷ 된장찌개

❸ 김치찌개 　　　　　❹ 냉면

❺ 불고기 　　　　　　❻ 갈비탕

Intonation of wh-question and yes-no question

뭐 먹을래요?

밥 먹을래요?

Generally the intonation of questions should rise. However, there is a difference between the intonation of wh-questions and that of yes-no questions.
ⓐ In the case of wh-questions, falling and rising occurs together on the last syllable.
ⓑ In the case of yes-no questions, the falling tone occurs on the second to the last syllable and rising tone occurs on the last syllable.

▶연습해 보세요.
(1) 가 : 맛있어요?
　　나 : 네, 맛있어요.
(2) 가 : 맛이 어때요?
　　나 : 조금 매워요.
(3) 가 : 불고기를 좋아해요?
　　나 : 네, 좋아해요.
(4) 가 : 무슨 음식을 좋아해요?
　　나 : 불고기를 좋아해요.

---

7 〈보기〉와 같이 이야기해 보세요.

보기

갈비탕을 먹다

가 : 갈비탕을 먹으러 갈래요?
Would you like to go to eat 갈비탕?

나 : 네, 좋아요. 갈비탕을 먹으러 가요.
Sounds good. Let's go to eat 갈비탕.

❶ 커피를 마시다 　　　❷ 점심을 먹다

❸ 영화를 보다 　　　　❹ 사진을 찍다

❺ 쇼핑하다 　　　　　❻ 놀다

8 〈보기 1〉이나 〈보기 2〉와 같이 이야기해 보세요.

보기1

불고기 2

가 : 뭐 드시겠어요?
What would you like to eat?

나 : 불고기 2인분 주세요.
Please bring us two orders of 불고기.

보기2

불고기 2,
냉면 1

가 : 뭐 드시겠어요?
What would you like to eat?

나 : 불고기 2인분하고 냉면 하나 주세요.
Please bring us two orders of 불고기 and one 냉면.

❶ 갈비 3
❷ 삼계탕 2
❸ 된장찌개 1
❹ 비빔밥 2, 김치찌개 1
❺ 김밥 1, 라면 2
❻ 갈비 5, 불고기 3

9 〈보기〉와 같이 이야기해 보세요.

보기

가 : 뭐 드시겠어요?
What would you like to eat?

나 : 잠깐만요. ○○ 씨, 뭐 먹을래요?
Hold on. What would you like to eat?

다 : 삼계탕을 먹을래요.
I'd like to eat 삼계탕.

○○ 씨는 뭐 먹을래요?
What would you like to eat?

나 : 저는 냉면을 먹을래요.
I'd like to eat 냉면.

(to the waitress)

여기 삼계탕 하나하고 냉면 하나 주세요.
Please bring us one 삼계탕 and one 냉면.

삼계탕 / 냉면

❶ 김밥 / 라면
❷ 된장찌개 / 김치찌개
❸ 갈비 / 불고기
❹ 갈비탕 / 냉면
❺ 커피 / 콜라
❻ 우유 / 주스

Listening_듣기

1 다음 대화를 잘 듣고 무슨 음식을 시켰는지 주문표에 표시하세요.

Listen to the dialogue and mark which food was ordered.

1)

table No. _____
김치찌개
된장찌개
삼계탕
불고기

엄마식당 ☎ 752-7575

2)

table No. _____
김밥
라면
비빔밥
냉면

또또와 ☎ 223-2233

3)

table No. _____
커피
우유
주스
콜라

티타임 ☎ 313-3131

2 두 사람이 대화하고 있습니다. 잘 듣고 다음 내용이 맞으면 ○, 틀리면 ×에 표시하세요.

Listen to the dialogue and mark the following statements as either ○ or ×.

1) 케빈 씨는 불고기를 먹어요.　　　　　　　○　×

2) 영진 씨는 김치찌개를 먹어요.　　　　　　○　×

3) 김치찌개가 매워요.　　　　　　　　　　　○　×
　　그래서 케빈 씨는 김치찌개를 안 먹어요.

● New Vocabulary

그래서 therefore

🎤 Speaking_말하기

1 3~4명이 한 조가 되어 한 명은 종업원, 다른 사람은 손님이 되어 주문해 보세요.

Form groups of 3 or 4. One person should be the restaurant waiter, and the others should be the customers.

● 다음은 식당과 커피숍의 메뉴판입니다. 무엇이 있는지, 얼마인지 보세요.

Check the food and beverages and their prices on the following menus.

★ **메뉴**

김치찌개	4,000원
된장찌개	4,000원
비빔밥	4,000원
갈비탕	5,000원
냉면	5,000원
불고기	10,000원 (1인분)

♡ **메뉴**

커피	3,000원
주스	4,000원
우유	3,000원
콜라	3,000원

● 메뉴판을 보고 같이 간 친구들과 무엇을 주문할지 이야기하고, 주문을 해 보세요.

Look at the menus and discuss with your friends about what you will have and then order your food.

📖 Reading_읽기

1 다음은 식당 메뉴판입니다. 어떤 내용이 있는지 잘 보세요.
Look at the following menu.

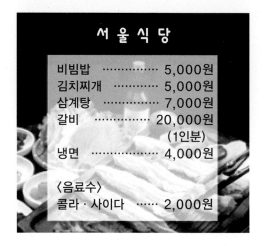

서 울 식 당

비빔밥	··········	5,000원
김치찌개	··········	5,000원
삼계탕	··········	7,000원
갈비	··········	20,000원
		(1인분)
냉면	··········	4,000원

〈음료수〉
콜라 · 사이다 ····· 2,000원

1) 다음 중 이 식당에서 파는 음식을 고르세요.
Check the dishes that are served at this restaurant.

2) 다음 내용이 맞으면 O, 틀리면 X 에 표시하세요.
Mark the following statements as either O or X.

(1) 이 식당에서 비빔밥이 제일 싸요.　　　　O　X

(2) 갈비는 1인분에 20,000원이에요.　　　　O　X

(3) 이 식당에서는 콜라도 팔아요.　　　　O　X

2 다음 글을 읽고 질문에 답하세요.
Read the following passage, and then answer the questions.

저는 한국 음식을 좋아해요. 특히 김치찌개하고 비빔밥을 자주 먹어요. 그렇지만 아침에는 보통 빵과 우유를 먹어요. 점심하고 저녁은 한국 음식을 먹어요. 점심은 친구들하고 학생 식당에서 먹어요. 저녁은 학교 근처 식당에서 먹어요. 한국 음식은 조금 맵지만 아주 맛있어요.

1) 이 사람은 무슨 음식을 자주 먹어요?
Which food does this person eat frequently?

  ❶
    ❷

❶ ❸

❷ ❹

2) 위 글의 내용과 같은 것을 고르세요.
Which of the following statements is true?

❶ 이 사람은 시간이 없어요. 그래서 아침을 안 먹어요.

❷ 이 사람은 점심에 빵과 우유를 먹어요.

❸ 이 사람은 학생 식당에서 저녁을 먹어요.

❹ 이 사람은 저녁에 보통 한국 음식을 먹어요.

 **문화** **한국의 상차림** Table settings

● 다음은 한국인의 밥상에 올라가는 음식과 식사 도구입니다. 한국인들은 어떻게 상을 차릴까요? 적당한 위치에 놓고 상을 차려 보세요.
The following picture contains Korean food and utensils. How do Koreans set the table? Put the food and utensils in their proper positions.

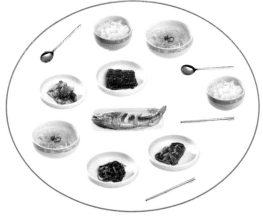 

 Korean meals consist of rice, soup and several side dishes and all dishes are set on the dining table at once. Koreans use a spoon to eat rice and soup and chopsticks to eat side dishes.

● 여러분이 준비한 밥상의 모습을 다음 페이지의 그림과 비교해 보세요.
Compare the table you prepared to the table on the next page.

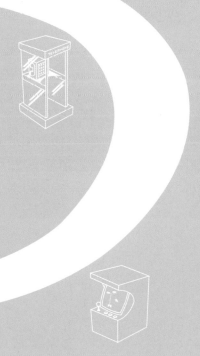

제7과 약속
Appointments

Goals

You will be able to make an appointment with your friends.

Topic	Appointments
Function	Making an appointment
	Making a suggestion
	Explaining one's plan
Activity	Listening : Listen to a conversation about making an appointment
	Speaking : Suggest and make appointments
	Reading : Read about an appointment suggestion
	Writing : Write to make an appointment
Vocabulary	Days of the week, Months, Expressions related to appointments
Grammar	-(으)ㄹ 것이다, -(으)ㄹ까요, -고 싶다
Pronunciation	ㄹ at the final position of a syllable
Culture	The meaning of '생각해 보겠습니다'.

제7과 약속 Appointments

1. 두 사람은 지금 무슨 말을 하고 있을까요?

   What might the two people be talking about?

2. 친구에게 만나자는 말을 하고 싶을 때 처음 뭐라고 말을 해요? 약속 시간이나 장소를 정하고 싶을 때 뭐라고 말해요?

   When you want to suggest meeting a friend, what do you say first? When you want to decide the meeting place or time, what do you say?

대화 & 이야기　　　　　　　　　　　　　Dialogue & Story

1

수미 : 린다 씨, 토요일에 시간 있어요?

린다 : 네, 있어요.

수미 : 그럼 나하고 영화 보러 갈래요?

린다 : 무슨 영화를 볼 거예요?

수미 : 〈여름 일기〉요.

린다 : 좋아요. 같이 보러 가요.

● New Vocabulary

토요일 Saturday

시간이 있다 to have time

여름 일기
Summer Diary (movie title)

2

수미 : 토요일 몇 시에 만날까요?

린다 : 두 시쯤 만나요.

수미 : 어디에서 만날까요?

린다 : 서울 극장 앞이 어때요?

수미 : 그래요. 두 시에 서울 극장 앞에서 만나요.

린다 : 영화를 보고 저녁도 같이 먹어요.

수미 : 네, 좋아요.

● New Vocabulary

어때요? How about~?

그래요. Okay.

저녁 dinner

3

수미 asked *Linda* to go to the museum on March 5, and *Linda* has written her response.

● New Vocabulary

박물관 museum

그런데 however

약속 appointment

그러니까 so

안녕히 계세요. Good-bye.

안녕하세요, 수미 씨.

고마워요. 나도 박물관에 가고 싶었어요.

그런데 5일 오전에는 약속이 있어요.

그러니까 오후에 가요.

5일 오후 한 시에 박물관 앞에서 만나요.

그럼 토요일에 만나요.

안녕히 계세요.

린다

1 〈보기〉와 같이 이야기해 보세요.

> **보기**
>
> 친구를 만나다
>
> 가 : 내일 뭘 할 거예요?
> What will you do tomorrow?
>
> 나 : 친구를 만날 거예요.
> I will meet a friend.

❶ 영화를 보다　　❷ 책을 읽다　　❸ 운동을 하다

❹ 사진을 찍다　　❺ 케이크를 만들다　　❻ 음악을 듣다

2 〈보기〉와 같이 이야기해 보세요.

> **보기**
>
> 친구를 만나다 /
> 월요일
>
> 가 : 언제 친구를 만날 거예요?
> When will you meet your friend?
>
> 나 : 월요일에 만날 거예요.
> I will meet (my friend) on Monday.

❶ 영화를 보다 / 수요일

❷ 사진을 찍다 / 화요일

❸ 박물관에 가다 / 일요일

❹ 수미 씨에게 전화를 걸다 / 토요일

❺ 이 옷을 입다 / 목요일

❻ 운동을 하다 / 금요일

3 〈보기〉와 같이 이야기해 보세요.

> **보기**
>
> 3월 5일
>
> 가 : 몇 월 며칠이에요?
> What is today's date?
>
> 나 : 삼월 오일이에요.
> Today is March 5.

❶ 1월 8일　　　　　　　❷ 2월 14일

❸ 6월 6일　　　　　　　❹ 8월 17일

❺ 1987년 10월 10일　　　❻ 2005년 12월 31일

• New Vocabulary

케이크 cake

• 요일 Days of the week

월요일 Monday
화요일 Tuesday
수요일 Wednesday
목요일 Thursday
금요일 Friday
토요일 Saturday
일요일 Sunday
주말 weekend

• New Vocabulary

전화를 걸다 to make a call
입다 to wear

• 월 Month

일월 January
이월 February
삼월 March
사월 April
오월 May
유월 June
칠월 July
팔월 August
구월 September
시월 October
십일월 November
십이월 December

4 〈보기 1〉이나 〈보기 2〉와 같이 이야기해 보세요.

보기1

1월 1일 /
시간이 있다

가 : 일월 일일에 시간이 있어요?
Do you have time on January 1?

나 : 네, 시간이 있어요.
Yes, I do.

보기2

1월 1일 /
시간이 없다

가 : 일월 일일에 시간이 있어요?
Do you have time on January 1?

나 : 아니요, 시간이 없어요.
No, I don't.

❶ 2월 4일 / 시간이 있다   ❷ 3월 10일 / 시간이 없다
❸ 5월 21일 / 시간이 있다   ❹ 7월 28일 / 시간이 없다
❺ 10월 15일 / 시간이 있다   ❻ 11월 4일 / 시간이 없다

5 〈보기〉와 같이 이야기해 보세요.

보기

토요일 / 영화를 보다

가 : 토요일에 시간이 있어요?
Do you have time on Saturday?

나 : 네, 있어요.
Yes, I do.

가 : 그럼 같이 영화를 보러 갈래요?
Then would you like to go to see a movie together?

나 : 네, 좋아요.
Yes, sounds good.

❶ 일요일 / 사진을 찍다   ❷ 화요일 / 태권도를 배우다
❸ 금요일 / 삼계탕을 먹다   ❹ 2월 7일 / 쇼핑하다
❺ 5월 9일 / 놀다   ❻ 8월 10일 / 수영하다

• New Vocabulary

태권도 taekwondo
(Korean art of self-defense)

배우다 to learn

수영하다 to swim

6 〈보기〉와 같이 이야기해 보세요.

가 : 이야기를 할까요?
Shall we talk?

나 : 네, 좋아요.
Yes, sounds good.

❶

❷

❸

❹

❺

❻

7 〈보기〉와 같이 이야기해 보세요.

보기

오후에 잠깐
만나다 /
좀 바쁘다

가 : 오후에 잠깐 만날까요?
Shall we meet briefly in the afternoon?

나 : 미안해요. 좀 바빠요.
I'm sorry. I'm a little busy.

❶ 내일 만나다 / 약속이 있다

❷ 오후에 같이 공부하다 / 시간이 없다

❸ 일요일에 영화를 보다 / 일이 있다

❹ 저녁을 같이 먹다 / 수미 씨와 약속을 하다

❺ 산책을 하다 / 좀 피곤하다

❻ 토요일에 여행을 가다 / 돈이 없다

약속 관련 표현
Expressions related to appointments

약속이 있다
to have an appointment

약속을 하다
to make an appointment

시간이 있다 to have time

시간이 없다 to not have time

일이 있다
to have something to do

바쁘다 to be busy

피곤하다 to be tired

New Vocabulary

잠깐 for a moment

미안해요. I'm sorry.

산책하다 to take a walk

여행을 가다 to go on a trip

8 〈보기 1〉과 〈보기 2〉와 같이 이야기해 보세요.

> **보기1**
>
> 어디 /
>
> 서울 커피숍
>
> 가 : 어디에서 만날까요?
> Where shall we meet?
>
> 나 : 서울 커피숍에서 만나요.
> Let's meet at Seoul Coffee Shop.

> **보기2**
>
> 어디 /
>
> 서울 커피숍
>
> 가 : 어디에서 만날까요?
> Where shall we meet?
>
> 나 : 서울 커피숍이 어때요?
> How about Seoul Coffee Shop?

❶ 어디 / 도서관　　　　　　❷ 어디 / 극장 앞

❸ 어디 / 버스 정류장　　　　❹ 언제 / 이번 토요일

❺ 언제 / 일요일 오후　　　　❻ 언제 / 수요일 저녁 6시

9 〈보기〉와 같이 묻고 대답해 보세요.

> **보기**
>
> 내일 만나다 /
>
> 모레 만나다
>
> 가 : 내일 만날까요?
> Shall we meet tomorrow?
>
> 나 : 아니요, 모레 만나요.
> No, let's meet the day after tomorrow.

New Vocabulary

만들다 to make

나가서 먹다 to eat out

커피숍 coffee shop

더 more

❶ 내일 오전에 만나다 / 오후에 만나다

❷ 음식을 만들다 / 나가서 먹다

❸ 커피숍에 가다 / 여기에서 마시다

❹ 책을 더 읽다 / 좀 쉬다

10 〈보기〉와 같이 이야기해 보세요.

> **보기**
>
> 운동하다 / 쉬다
>
> 가 : 운동할까요?
> Shall we exercise?
>
> 나 : 저는 쉬고 싶어요.
> I want to rest.

New Vocabulary

연극 play

산 mountain

바다 sea

❶ 영화를 보다 / 연극을 보다　　❷ 쇼핑하다 / 집에서 쉬다

❸ 산에 가다 / 바다에 가다　　　❹ 책을 읽다 / 이야기하다

❺ 김밥을 먹다 / 라면을 먹다　　❻ 커피를 마시다 / 주스를 마시다

11 〈보기〉와 같이 이야기해 보세요.

보기

오후 2시 / 오후 4시 / 극장 앞

가 : 오후 두 시에 만날까요?
Shall we meet at two o'clock?

나 : 오후 두 시는 안 돼요.
Two o'clock is not okay.

가 : 그럼 오후 네 시는 어때요?
Then how about four?

나 : 오후 네 시는 괜찮아요.
Four is okay.

가 : 어디에서 만날까요?
Where shall we meet?

나 : 극장 앞에서 만나요.
Let's meet in front of the theater.

가 : 네, 그럼 오후 네 시에 극장 앞에서 만나요.
Okay, then let's meet at four o'clock in front of the theater.

❶ 오늘 저녁 7시 / 내일 저녁 7시 / 이 커피숍

❷ 오전 10시 / 오후 1시 / 은행 앞

❸ 오후 5시 / 저녁 8시 / 여기

❹ 토요일 오전 / 토요일 오후 3시 / 학교 도서관

 **문화** ‘생각해 보겠습니다.’ The meaning of ‘생각해 보겠습니다.’

● 여러분의 나라에서는 다른 사람의 제안을 거절할 때 어떤 표현을 사용합니까?
In your country, which ways of refusal is used frequently? Direct or indirect? Think about some expressions in your language used to refuse someone's request or suggestion, and share them with your partner.

 Turning down someone's request varies depending on their nationality or personality. Some refuse directly, but others think this is rude. Those people use indirect ways of refusal such as ‘Let me think about it.’ Some languages use ‘생각해 보겠습니다.’ to say ‘No’. However Koreans usually do not refuse directly. Therefore, when Koreans say ‘생각해 보겠습니다’, it means they are willing to think it over rather than turning it down.

● 친구의 제안을 듣고 상대방이 기분 나쁘지 않게 거절해 보세요.
Try to turn down your friend's request in a way not to offend his/her mind.

Listening_듣기

1 이 사람들은 언제 만날까요? 그리고 어디에서 만날까요?

When and where will these people meet?

1) ❶ 토요일　　　　　❷ 일요일

2) ❶ 내일 오전　　　　❷ 내일 오후

3) ❶ 서울 극장　　　　❷ 서울 커피숍

4) ❶ 서울 은행　　　　❷ 버스 정류장

2 이 사람들은 만날 거예요, 아니면 안 만날 거예요?

Will these people meet or not?

1) ❶ 만날 거예요.　　　❷ 안 만날 거예요.

2) ❶ 만날 거예요.　　　❷ 안 만닐 거예요.

3 다음 대화를 잘 듣고 질문에 답하세요.

Listen to the dialogue and answer the questions.

1) 이 사람들은 언제 만날 거예요?

When will these people meet?

❶ 오늘 오후 1시　　　❷ 오늘 오후 2시

❸ 내일 오후 1시　　　❹ 내일 오후 2시

2) 이 사람들은 뭘 할 거예요? 모두 고르세요.

What will these people do? You may choose more than one.

❶ 이야기를 할 거예요.　　❷ 영화를 볼 거예요.

❸ 밥을 먹을 거예요.　　　❹ 커피를 마실 거예요.

Speaking_말하기

1 수미 씨와 린다 씨는 이번 주에 만나고 싶어합니다. 여러분이 수미 씨와 린다 씨가 되어 약속을 해 보세요.

수미 and Linda want to meet this weekend. Imagine that you and your partner are 수미 and Linda and make an appointment.

● 지금은 3일 오전 열 시입니다. 한 사람은 수미, 다른 사람은 린다 씨가 되어 수첩에 적힌 일정을 보고, 친구와 언제 만나서 뭘 하는 것이 좋을지 생각해 보세요.

Currently it is 10:00 AM on the 3rd. Pretend that you and your friend are 수미 and Linda, and think about what time you can meet your friend and what you will do together.

수미의 수첩

월	화	수	목	금	토	일
3	4	5	6	7	8	9
		14:00~15:00 시험		14:00 서울 극장		

린다의 수첩

월	화	수	목	금	토	일
3	4	5	6	7	8	9
		14:00~15:00 시험		9:00~11:00 한국어 시험		17:00 교코, 서울 커피숍

● 친구와 언제 어디에서 만나서 뭘 할지를 약속하는 대화를 해 보세요.

Talk to your friend and decide where and when to meet together and what you will do.

2 반 친구와 약속하는 대화를 해 보세요.

Make an appointment with a classmate.

● 이번 주말까지의 여러분의 일정을 생각해 보세요.

Think about your own schedule for this week.

● 누구에게 무슨 제안을 할지를 생각해 보세요.

Think about what you will suggest (date, time, place, activity) and to whom.

● 친구에게 제안을 하고 약속을 해 보세요.

Suggest an appointment to a classmate and make an appointment together.

📖 Reading_읽기

1 다음은 교코가 린다에게 보낸 이메일입니다. 잘 읽고 다음의 질문에 답하세요.

Read the following e-mail message from Kyoko to Linda and answer the questions.

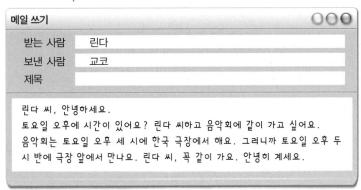

메일 쓰기	
받는 사람	린다
보낸 사람	교코
제목	

린다 씨, 안녕하세요.
토요일 오후에 시간이 있어요? 린다 씨하고 음악회에 같이 가고 싶어요.
음악회는 토요일 오후 세 시에 한국 극장에서 해요. 그러니까 토요일 오후 두
시 반에 극장 앞에서 만나요. 린다 씨, 꼭 같이 가요. 안녕히 계세요.

● New Vocabulary

음악회 concert
꼭 for sure

1) 교코는 린다에게 왜 이메일을 보냈어요?
   Why did *Kyoko* send this e-mail to *Linda*?

2) 교코는 언제, 어디에서 만나고 싶어해요?
   When and where does *Kyoko* want to meet?

✏️ Writing_쓰기

1 여러분이 린다가 되어 위의 교코의 이메일에 대한 답장을 써 보세요.

Pretend that you are *Linda* and write a reply to *Kyoko*'s e-mail.

● 위의 편지에서 시작하고 끝낼 때 어떤 인사말을 썼는지 찾아 보세요.

In *Kyoko*'s e-mail, notice the salutation at the beginning and the closing at the end.

● 여러분은 좀 더 일찍 만나서 같이 점심을 먹고 음악회에 가고 싶습니다. 새로운 약속을 정하는 이메일을 써 보세요.

Imagine that you want to meet a little earlier and then have lunch and see a concert. Write your suggestion in an e-mail message.

자기 평가 ✏️ Self-Check

● 여러분의 미래 계획을 설명할 수 있습니까? Are you able to explain your future plan?	Excellent ●——●——●——● Poor
● 다른 사람에게 제안을 하고 약속하는 대화를 할 수 있습니까? Are you able to make a suggestion and make an appointment?	Excellent ●——●——●——● Poor
● 약속을 정하는 편지를 읽고 쓸 수 있습니까? Are you able to read and write a letter making an appointment?	Excellent ●——●——●——● Poor

1 –(으)ㄹ 것이다

- –(으)ㄹ 것이다 is attached to a verb stem and indicates a future plan or schedule. Both –(으)ㄹ 것이에요 and –(으)ㄹ 거예요 can be used in statements and questions. However, in daily conversations, –(으)ㄹ 거예요 (contracted from –(으)ㄹ 것이에요) is more frequently used.

- This ending takes two forms depending on the last letter of the stem.
  a. If the stem ends in a vowel or the consonant ㄹ, –ㄹ 것이다 is used.
  b. If the stem ends in a consonant other than ㄹ, –을 것이다 is used.

  (1) 가 : 내일 뭐 할 거예요? What will you do tomorrow?
     나 : 친구를 만날 거예요. I will meet my friend.
  (2) 가 : 점심에 뭘 먹을 거예요?
     나 : 비빔밥을 먹을 거예요.
  (3) 어디에서 놀 거예요?
  (4) 토요일에 수미 씨하고 사진을 찍을 거예요.
  (5) 주말에 _____ ?
  (6) 내일 친구하고 _____.

2 –(으)ㄹ까요

- –(으)ㄹ까요 is attached to a verb stem and is used to make a suggestion or used to seek permission by asking listener's opinion. It is used in informal situations when asking questions to familiar social superiors or peers.

- This ending takes two forms depending on the last letter of the verb stem.
  a. If the verb stem ends in a vowel or the consonant ㄹ, –ㄹ까요 is used.
  b. If the stem ends in a consonant other than ㄹ, –을까요 is used.

  (1) 가 : 우리 언제 만날까요? When shall we meet?
     나 : 내일 만나요. Let's meet tomorrow.
  (2) 가 : 제가 전화를 걸까요?
     나 : 네, 수미 씨가 전화를 하세요.
  (3) 뭐 먹을까요?
  (4) 음악을 들을까요?
  (5) 주말에 같이 _____ ?
  (6) 제가 책을 _____ ?

> **Language Tip**
> 제가 means 'I' and this form is used when there is a special focus on the subject.

3 -고 싶다

- -고 싶다 is attached to a verb stem and expresses the speaker's want, wish or expectation. Accordingly, in statements, the subject of the sentence must be either 'I' or 'we', not 's/he' or 'they'. In questions, -고 싶다 is used to ask the listener's want or wish.

(1) 가 : 어디에 가고 싶어요? Where do you want to go?

　　나 : 제주도에 가고 싶어요. I want to go to 제주도.

(2) 가 : 저녁에 뭘 먹고 싶어요?

　　나 : 불고기를 먹고 싶어요.

(3) 친구를 만나고 싶어요.

(4) 무슨 음악을 듣고 싶어요?

(5) 주말에 _____?

(6) 친구하고 _____.

● New Vocabulary

제주도 *Jeju* Island

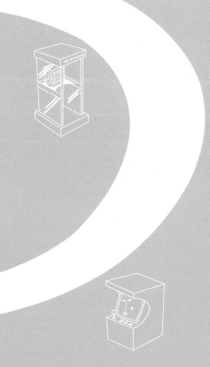

제8과 날씨
Weather

Goals

You will be able to talk about seasons and weather.

Topic	Weather
Function	Describing seasons
	Describing weather
	Explaining reasons
Activity	Listening : Listen to a conversation about weather, and one's favorite season
	Speaking : Talk about one's favorite season
	Reading : Read a passage introducing the seasons of Korea
	Writing : Write about the seasons in one's country
Vocabulary	Seasons, Weather, Expressions related to weather
Grammar	–고, –아/어/여서(reason), –지요, ㅂ불규칙(ㅂ irregular conjugation)
Pronunciation	Three sounds of ㅎ
Culture	Seasons & Weather

제8과 날씨 Weather

1. 이 사진은 어느 계절입니까? 날씨가 어때요?

   Which season is shown in the picture? What is the weather like?

2. 여러분은 어느 계절을 좋아합니까? 왜 그 계절을 좋아합니까?

   Which season do you like? Why?

1

영진 : 수잔 씨는 어느 계절을 좋아해요?

수잔 : 저는 봄을 좋아해요.

영진 : 왜 봄을 좋아해요?

수잔 : 날씨가 따뜻해서 좋아해요.

　　　　영진 씨는 어느 계절이 좋아요?

영진 : 저는 눈이 와서 겨울이 좋아요.

New Vocabulary

계절 season

봄 spring

왜 why

날씨 weather

따뜻하다 to be warm

눈 snow

겨울 winter

2

마야 : 린다 씨, 눈이 와요. 정말 예뻐요.

린다 : 마야 씨는 눈을 처음 봤지요?

마야 : 네, 처음 봤어요.

　　　　우리 나라는 눈이 안 와요.

린다 : 베트남은 날씨가 어때요?

마야 : 여름에는 아주 덥고 비가 안 와요.

　　　　겨울에는 따뜻하고 비가 많이 와요.

New Vocabulary

정말 really

예쁘다 to be pretty

처음 first

우리 나라 my country

베트남 Vietnam

여름 summer

비 rain

3

한국에는 봄, 여름, 가을, 겨울, 사계절이 있어요. 봄에는
날씨가 따뜻하고 바람이 많이 불어요. 여름에는 무척 덥
고 비가 많이 와요. 가을에는 날씨가 시원해요. 그리고 하
늘이 맑아요. 겨울에는 춥고 눈이 많이 와요.

New Vocabulary

가을 fall

사계절 four seasons

바람이 불다 (wind) to blow

무척 very

시원하다 to be refreshing

하늘 sky

맑다 to be clear

1 〈보기〉와 같이 이야기해 보세요.

> 보기
>
> 좋아하다 / 봄
>
> 가 : 어느 계절을 좋아해요?
> Which season do you like?
>
> 나 : 봄을 좋아해요.
> I like spring.

❶ 좋아하다 / 여름 ❷ 좋아하다 / 가을

❸ 좋아하다 / 겨울 ❹ 싫어하다 / 봄

❺ 싫어하다 / 여름 ❻ 싫어하다 / 겨울

> 계절 Seasons
>
> 봄 spring
> 여름 summer
> 가을 fall
> 겨울 winter

> New Vocabulary
>
> 싫어하다 to dislike
> 싫다 to dislike

2 〈보기〉와 같이 이야기해 보세요.

> 보기
>
> 좋다 / 봄
>
> 가 : 어느 계절이 좋아요?
> Which season do you like?
>
> 나 : 저는 봄이 좋아요.
> I like spring.

❶ 좋다 / 여름 ❷ 좋다 / 겨울

❸ 좋다 / 봄하고 가을 ❹ 싫다 / 여름

❺ 싫다 / 가을 ❻ 싫다 / 여름하고 겨울

3 다음 그림을 보고 〈보기〉와 같이 이야기해 보세요.

> 보기
>
>
>
> 가 : 날씨가 어때요?
> How is the weather?
>
> 나 : 맑아요.
> It's clear.

❶  ❷   ❸ 32℃

❹   ❺   ❻ -12℃

> 날씨 Weather
>
> 춥다(추워요) to be cold
> 덥다(더워요) to be hot
> 시원하다 to be refreshing
> 따뜻하다 to be warm
> 날씨가 좋다
> (the weather) to be good
> 날씨가 나쁘다(나빠요)
> (the weather) to be bad
> 맑다 to be clear
> 흐리다 to be cloudy
> 비가 오다 to rain
> 눈이 오다 to snow
> 바람이 불다 (wind) to blow

4 〈보기 1〉과 〈보기 2〉와 같이 이야기해 보세요.

> 보기1
>
> **비가 오다,**
> **바람이 불다**
>
> 가 : 오늘 날씨가 어때요?
> How is the weather today?
>
> 나 : 비가 오고 바람이 불어요.
> It is raining and the wind is blowing.

> 보기2
>
> **비가 오다,**
> **바람이 불다**
>
> 가 : 어제 날씨가 어땠어요?
> How was the weather yesterday?
>
> 나 : 비가 오고 바람이 불었어요.
> It was raining and the wind was blowing.

❶ 맑다, 따뜻하다   ❷ 눈이 오다, 춥다

❸ 덥다, 비가 오다   ❹ 바람이 불다, 흐리다

❺ 맑다, 시원하다   ❻ 흐리다, 춥다

5 〈보기〉와 같이 이야기해 보세요.

 서울 도쿄 베이징 뉴욕

 방콕 런던 모스크바 헬싱키

> 보기
>
> **서울,**
> **모스크바**
>
> 서울은 맑고, 모스크바는 눈이 와요.
> In Seoul it is clear, and in Moscow it is snowing.

❶ 도쿄, 베이징   ❷ 방콕, 런던

❸ 모스크바, 헬싱키   ❹ 런던, 서울

❺ 뉴욕, 방콕   ❻ 헬싱키, 뉴욕

6 〈보기 1〉과 〈보기 2〉와 같이 이야기해 보세요.

<table>
<tr><td>보기1</td><td rowspan="2">날씨가 좋다</td><td>가 : 오늘 정말 날씨가 좋지요?
The weather is good today, isn't it?</td></tr>
<tr><td>나 : 네, 정말 좋아요.
Yes, it is.</td></tr>
</table>

<table>
<tr><td>보기2</td><td rowspan="2">날씨가 좋다</td><td>가 : 어제 정말 날씨가 좋았지요?
The weather was good yesterday, wasn't it?</td></tr>
<tr><td>나 : 네, 정말 좋았어요.
Yes, it was.</td></tr>
</table>

❶ 춥다　　　　　❷ 따뜻하다　　　　　❸ 날씨가 맑다

❹ 날씨가 흐리다　❺ 비가 많이 오다　　❻ 바람이 많이 불다

7 〈보기〉와 같이 이야기해 보세요.

<table>
<tr><td>보기</td><td rowspan="2">봄을 좋아하다/
날씨가 따뜻하다</td><td>가 : 왜 봄을 좋아해요?
Why do you like spring?</td></tr>
<tr><td>나 : 날씨가 따뜻해서 봄을 좋아해요.
Because the weather is warm, I like spring.</td></tr>
</table>

● New Vocabulary

너무 too

❶ 여름을 좋아하다 / 방학이 있다

❷ 가을을 좋아하다 / 날씨가 좋다

❸ 겨울을 좋아하다 / 눈이 오다

❹ 봄을 싫어하다 / 바람이 많이 불다

❺ 여름을 싫어하다 / 너무 덥다

❻ 겨울을 싫어하다 / 너무 춥다

8 〈보기〉와 같이 이야기해 보세요.

<table>
<tr><td>보기</td><td rowspan="2">비가 왔어요</td><td>가 : 어제 왜 산에 안 갔어요?
Why didn't you go to the mountain yesterday?</td></tr>
<tr><td>나 : 비가 와서 안 갔어요.
Because it rained, I didn't go.</td></tr>
</table>

❶ 날씨가 나빴어요　　　　❷ 눈이 많이 왔어요

❸ 바람이 많이 불었어요　　❹ 너무 더웠어요

9 〈보기〉와 같이 이야기해 보세요.

보기	
좋아하다 / 봄 / 날씨가 따뜻하다	가 : 어느 계절을 좋아해요? Which season do you like? 나 : 저는 봄이 좋아요. I like spring. 가 : 왜 봄을 좋아해요? Why do you like spring? 나 : 날씨가 따뜻해서 봄이 좋아요. Because the weather is warm, I like spring.

❶ 좋아하다 / 여름 / 바다에서 수영을 할 수 있다

❷ 좋아하다 / 가을 / 날씨가 좋고 시원하다

❸ 좋아하다 / 겨울 / 스키를 탈 수 있다

❹ 싫어하다 / 봄 / 바람이 많이 불다

❺ 싫어하다 / 여름 / 너무 덥고 비가 많이 오다

❻ 싫어하다 / 겨울 / 눈이 많이 오고 춥다

계절 관련 표현
Expressions related to weather

꽃이 피다 (flower) to bloom

소풍 가다 to go on a picnic

바닷가에 가다
to go to the beach

휴가 가다 to go for a vacation

땀이 나다 to sweat

단풍이 들다
(leaves) to change colors (in autumn)

산책하다 to take a walk

나뭇잎이 떨어지다
leaves to fall

스키 타다 to ski

10 다음 그림을 보고 어느 계절인지, 날씨가 어떤지, 사람들이 무엇을 하는지 이야기해 보세요.

Look at the following pictures and talk about what seasons they are, how's the weather like, and what people are doing.

❶

❷

❸

❹

• Language Tip

-(으)ㄹ 수 있다 has the meaning of the English auxiliary verb 'can'.

Listening_듣기

1 두 사람이 대화하고 있습니다. 잘 듣고 알맞은 것을 고르세요.

Listen to the dialogue and choose the correct picture.

1) _____   2) _____   3) _____   4) _____

2 다음은 일기 예보입니다. 잘 듣고 맞는 그림을 고르세요.

You'll listen to a weather forecast. Listen carefully and choose the correct picture.

1) 오늘의 날씨는 어떻습니까?

How is the weather today?

2) 내일의 날씨는 어떻습니까?

How is the weather tomorrow?

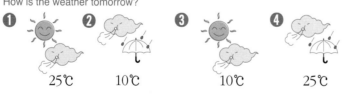

● Language Tip

The pattern -겠습니다 is usually used in weather forecast.

3 다음 대화를 잘 듣고 맞으면 ○, 틀리면 ×에 표시하세요.

Listen to the dialogue and mark the following statements as either ○ or ×.

1) 오늘은 날씨가 아주 추워요. | ○ | × |
2) 두 사람은 겨울에 스키를 타러 갈 거예요. | ○ | × |
3) 마이클은 여름하고 겨울을 싫어해요. | ○ | × |

🎤 Speaking_말하기

1 우리 반 친구들이 좋아하는 계절을 알아보세요.

Find out your classmates' favorite seasons.

● 우리 반 친구들은 어느 계절을 좋아할까요? 또 그 이유는 무엇인지 친구들에게 물어 보세요.

Which season do your classmates like? Why?

이름 Name	좋아하는 계절 Favorite season	이유 Reason
마이클	겨울	스키

● 우리 반 친구들이 가장 많이 좋아하는 계절은 무엇일까요?

Which season do your classmates like the most?

📖 Reading_읽기

1 일기 예보를 읽어 보세요.

Read a weather forecast.

● 다음은 일기 예보에 사용되는 기호입니다. 어떤 날씨를 나타낼까요?

The following is from a weather forecast. What do they mean?

● 다음은 전국의 날씨를 나타낸 기상도입니다. 기상도에 대한 설명이 맞으면 O, 틀리면 X 에 표시하세요.

Look at the weather map of Korea and mark the following statements as either o or x.

(1) 서울은 날씨가 흐리고 바람이 불어요. | O | X |
(2) 광주는 날씨가 안 좋아요. | O | X |
(3) 부산에는 비가 많이 와요. | O | X |
(4) 제주도는 날씨가 좋아요. | O | X |

2 다음은 어느 인터넷 게시판에 올라온 글입니다. 잘 읽고 질문에 대답하세요.

Read the following from an internet bulletin board, and then answer the questions.

번호	제 목	글쓴이
31	태국으로 여행을 가고 싶어요 언제가 좋아요?	김지연
32	↳ [Re] 4월에 가세요.	이영호
33	김치 박물관은 어디에 있어요?	이연경
34	↳ [Re] 코엑스에 있어요.	송미경
35	방콕의 현재 시간을 좀 알려 주세요.	김성은
36	…………	……

번 호	제 목	글쓴이
32	[Re] 4월에 가세요.	이영호

태국은 11~2월이 건기, 6~10월이 우기예요.
그리고 3~5월은 아주 더워요.
그러니까 6~10월은 비가 와서 힘들고, 3~5월은 더워서 힘들어요.
11~2월은 비도 안 오고, 날씨도 시원해서 좋아요.
그렇지만 태국에 4월에 가세요. 4월에는 송끄란 축제가 있어요.
송끄란 축제는 정말 재미있어요.

1) 이영호 씨는 태국에 언제 가라고 했습니까? 그 이유는 무엇입니까?

According to 이영호, when would be a good time for tourists to visit Thailand? Why?

2) 태국의 계절에 대한 설명으로 맞는 것을 고르세요.
Choose the correct explanation on the weather of Thailand.

❶ 태국은 사계절이 있어요.

❷ 태국에서는 6월에 비가 안 와요.

❸ 태국에서는 9월에 비가 많이 와요.

❹ 태국에서는 7월과 8월에 날씨가 제일 더워요.

● New Vocabulary

태국 Thailand

건기 dry season

우기 rainy season

힘들다 to be hard

송끄란
songkran(a city in Thailand)

축제 festival

✏️ Writing_쓰기

1 여러분 나라의 계절에 대해 소개하는 글을 써 보세요.
Write about the seasons in your home country.

● 글을 쓰기 전에 먼저 다음에 대해 생각해 보세요.
  Before writing, think about the following points.

  (1) 여러분의 나라, 혹은 여러분이 살고 있는 도시는 어떤
      계절이 있습니까?
      What seasons does your home country/ or hometown have?

  (2) 각 계절의 날씨는 어떻습니까?
      How is the weather in each season?

  (3) 각 계절에 사람들은 무엇을 합니까?
      What do people do in each season?

● 여러분 나라, 혹은 여러분이 살고 있는 도시의 날씨와 계절,
  계절 활동을 설명하는 글을 써 보세요.
  Write about the weather, seasons, and seasonal activities in your home
  country or hometown.

● 친구들에게 여러분 고향의 계절과 날씨를 소개해 주세요.
  Tell your classmates about the seasons and weather in your hometown.

자기 평가 ✏️   Self-Check

● 날씨를 설명할 수 있습니까?   Excellent ●—●—●—● Poor
  Are you able to describe the weather?

● 좋아하는 계절과 이유를 묻고 대답할 수 있습니까?   Excellent ●—●—●—● Poor
  Are you able to ask and answer the question asking one's favorite
  season and the reason?

● 날씨를 설명하는 글을 읽고 쓸 수 있습니까?   Excellent ●—●—●—● Poor
  Are you able to read and write a passage describing weather?

문화 한국의 계절과 날씨 Seasons & Weather

- 다음 문제의 답을 찾아보세요.
  Try the quiz below.

1) What is Korea's average year-round temperature?
2) What is Korea's highest annual temperature? The lowest temperature?
3) Which season has the greatest amount of rainfall in Korea?
4) When does Korea's rainy season begin and end?
5) Which flower is often seen blooming in the spring in Korea?

 Korea has four distinct seasons: spring, summer, fall and winter.

Spring usually starts in March. In spring it is warm and many kinds of flowers start to bloom. Sometimes you may come across unexpected rain and wind. Moreover yellow dust originating from China reduces air quality. Beautiful flowers, however, start to bloom everywhere at the beginning of April and clear weather continues.

Summer is between June and August. It is humid and hot. The period from June to July is the rainy season and humidity peaks in July. The temperature goes over 30 degree Celsius.

Fall is nice and cool with wind and clear skies, but it is rather shorter than the other seasons. Fall is also the season for harvest. You can enjoy clear, high skies during this season. In fall, people also like to go to mountains to see the colorful foliage.

Winter starts in December and continues until the following March. In winter, the average temperature is sub-zero and can go down to below -10 degrees. The wind blows hard and it often snows.

- 여러분 나라는 어떤 계절이 있습니까? 각 계절의 날씨는 어떻습니까?
  What kind of seasons do you have in your country? What is the weather like in each season?

1 –고

● The meaning of -고 is 'and' and it is used to connect two sentences.

비가 오고 바람이 불어요.   It is raining, and the wind is blowing.

일요일에 청소하고 빨래를 했어요.   On Sunday, I cleaned and did laundry.

● -고 is attached to a verb stem in the first sentence and then the second sentence can come after that. When connecting two sentences having past tense, -고 is attached directly to the verb stem in the previous sentence. That is, the first verb does not need the past tense marker -았/었/였-. The tense of the entire sentence is expressed by the tense of the second verb.

> 지금 비가 와요. 그리고 바람이 불어요. It is raining now. And the wind is blowing.
> ➡ 지금 비가 오고 바람이 불어요. It is raining now, and the wind is blowing.
> 어제 비가 왔어요. 그리고 바람이 불었어요. Yesterday it rained. And the wind blew.
> ➡ 어제 비가 오고 바람이 불었어요. Yesterday it rained and the wind blew.

(1) 여름에는 덥고 겨울에는 추워요. It is hot in the summer and it is cold in the winter.

(2) 서울은 날씨가 맑고 부산은 비가 와요.

(3) 어제는 숙제를 하고 일찍 잤어요.

(4) 나는 아침에 운동을 하고 신문을 봐요.

(5) 수미와 나는 어제 _____ 저녁을 먹었어요.

(6) 오전에 _____ _____ 오후에 친구를 만났어요.

> ● **New Vocabulary**
>
> 숙제 homework
> 일찍 early

2 –아/어/여서

● -아/어/여서 expresses the reason for something.

● -아/어/여서 is attached to either a verb stem or an adjective stem, and it takes one of three forms depending on the last vowel of the stem.

   a. If the stem ends in either ㅏ or ㅗ(except 하다), -아서 is used.

   b. If the stem ends in a vowel other than ㅏ or ㅗ, -어서 is used.

   c. For 하다, the correct form is 하여서, but the contracted form 해서 is more commonly used.

d. For Noun+-이다, the correct form is Noun+-이어서/여서, but in ordinary conversation, -이라서 is more frequently used.

비가 와서 안 가요. Because it is raining, I'm not going.

시간이 없어서 친구를 안 만나요. Because I don't have time, I'm not meeting my friend.

날씨가 따뜻해서 봄을 좋아해요. Because the weather is warm, I like spring.

일요일이라서 학교에 안 가요. Because it is Sunday, I'm not going to school.

● When connecting two sentences having past tense, -아/어/여서 is attached directly to the verb stem in the previous sentence. That is, the first verb does not need the past tense marker -았/었/였-. The tense of the entire sentence is expressed by the tense of the second verb.

> 비가 많이 와요. 그래서 산에 안 가요. It is raining a lot. So I'm not going to the mountain.
> ➡ 비가 많이 와서 산에 안 가요. Because it is raining a lot, I'm not going to the mountain.
> 비가 많이 왔어요. 그래서 산에 안 갔어요. It rained a lot. So I didn't go to the mountain.
> ➡ 비가 많이 와서 산에 안 갔어요. Because it rained a lot, I didn't go to the mountain.

● In sentences with -아/어/여서, the second sentence cannot be a command or a propositive ("let's ~") sentence.

시험이 있어서 열심히 공부했어요. (O) I studied hard because there was an exam.

시험이 있어서 열심히 공부했어요? (O) Did you study hard since there was an exam?

시험이 있어서 열심히 공부하세요. (×)

시험이 있어서 같이 열심히 공부해요. (×)

(1) 날씨가 좋아서 기분이 좋아요. Because the weather is good, I feel good.

(2) 가방이 비싸서 안 샀어요.

(3) 약속이 있어서 종로에 가요.

(4) 많이 걸어서 다리가 아파요.

(5) _____ 울었어요.

(6) _____ 학교에 안 가요.

● New Vocabulary
열심히 hard
종로 *Jong-ro*
걷다(걸어요) to walk
다리 legs
아프다 to be sick

3 -지요

● -지요 is used after a verb stem or an adjective stem in order to confirm what the speaker already knows with the hearer.

오늘 날씨가 덥지요? The weather is hot today, isn't it?

불고기가 정말 맛있지요? 불고기 is really delicious, isn't it?

- When confirming a current condition or fact, '-지요?' is used. When confirming a past condition or fact, '-었지요?' is used. In daily conversations, -지요 is usually contracted to -죠.

한국어 공부가 재미있지요? Studying Korean is fun, isn't it?

어제 산에 갔다 왔지요? Yesterday you went to the mountains, didn't you?

- -지요 cannot be used to answer a question. To answer a -지요 question, the -아/어/여요 is usually used.

(1) 가 : 요즘 바쁘지요? You're busy, aren't you?

　　나 : 네, 바빠요. Yes, I am busy.

(2) 가 : 김치가 맵지요?

　　나 : 네, 매워요.

(3) 가 : 오늘 날씨가 좋지요?

　　나 : 네, 좋아요.

(4) 가 : 점심을 먹었지요?

　　나 : 아니요, 안 먹었어요.

(5) 가 : 지금 눈이 _____?

　　나 : 네, _____.

(6) 가 : 한국어 공부가 _____?

　　나 : 네, _____.

4 ㅂ불규칙 (ㅂ irregular conjugation)

- When the verbs or adjectives of which the stem ends in ㅂ are followed by vowels, there are some cases where the ㅂ changes into 우 and combines with 어 between -아- and -어-. Those verbs and adjectives are called as 'irregular ㅂ verbs and adjectives'.

> 입다 ➡ 입어요, 입었어요, 입을 거예요 / 입고, 입지요? (regular conjugation)
> 덥다 ➡ 더워요, 더웠어요, 더울 거예요 / 덥고, 덥지요? (irregular conjugation)

- The following are the most common irregular ㅂ verbs and adjectives. Most of the adjectives which ends in ㅂ belong to this category.

> 덥다　　춥다　　맵다　　싱겁다　　어렵다　　쉽다　　무겁다　가볍다
> 가깝다　고맙다　반갑다　아름답다　더럽다　곱다　　돕다

● However, when 돕다 and 곱다 combines with 아, the ㅂ changes into 오.

> 돕다 ➡ 도와요, 도왔어요 / 도울 거예요
> 곱다 ➡ 고와요, 고왔어요 / 고울 거예요

(1) 가 : 날씨가 덥지요? The weather is hot, isn't it?
　　나 : 네, 아주 더워요. Yes, it is.
(2) 가 : 시험이 어려웠어요?
　　나 : 아니요, 쉬웠어요.
(3) 가 : 김치가 매워요?
　　나 : 네, 맵고 조금 짜요.
(4) 만나서 반가워요.
(5) 겨울에는 눈이 오고 ＿＿＿＿＿＿＿＿＿＿＿＿＿.
(6) 가을에는 단풍이 들어서 산이 아주 ＿＿＿＿＿＿＿.

New Vocabulary

어렵다 to be difficult
쉽다 to be easy
무겁다 to be heavy
가볍다 to be light
가깝다 to be close
고맙다 to be grateful
반갑다 to be glad
아름답다 to be beautiful
더럽다 to be dirty
곱다 to be lovely
돕다 to help

MEMO

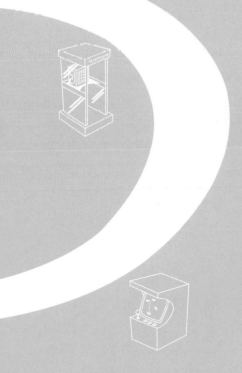

제9과 주말 활동
Weekend activities

Goals

You will be able to talk about weekend activities and plans.

Topic	Weekend activities
Function	Expressing weekend activities and plans
	Asking and answering questions about experience
	Making suggestions
Activity	Listening : Listen to a conversation about weekend activities
	Speaking : Talk about the last weekend's activities and make a suggestion for the weekend
	Reading : Read about weekend activities
	Writing : Write about weekend activities and plans
Vocabulary	Weekend activities, Time, Places
Grammar	–에 가서, –(으)려고 하다, –아/어/여 보다
Pronunciation	Double vowels ㅘ and ㅝ
Culture	Weekend activities

제9과 주말 활동 Weekend activities

  Introduction

1. 무슨 요일일까요? 두 사람은 무엇을 하고 있어요?

   Can you guess what day it is and what they are doing in the above picture?

2. 여러분은 주말에 주로 무엇을 하면서 시간을 보냅니까?

   What do you usually do on the weekend?

1

수미 : 린다 씨, 주말에 뭐 했어요?

린다 : 빨래하고 청소를 했어요. 수미 씨는 뭐 했어요?

수미 : 대학로에 가서 연극을 봤어요.

린다 : 재미있었어요?

수미 : 네, 아주 재미있었어요. 린다 씨도 한번 가 보세요.

New Vocabulary

주말 weekend

대학로 *Daehank-ro*
(the name of a street)

한번 (try) once

2

수미 : 린다 씨, 이번 주말에 뭐 할 거예요?

린다 : 그냥 집에서 쉬려고 해요. 그런데 왜요?

수미 : 인사동에 같이 갈래요?

린다 : 인사동에 가서 뭐 할 거예요?

수미 : 구경도 하고 차도 마셔요.

린다 : 좋아요. 같이 가요.

New Vocabulary

그냥 just

쉬다 to rest

그런데 by the way

인사동 *Insadong*(district)

구경하다 to go sightseeing

차 tea

3

저는 주말에 보통 집에서 쉬어요. 그렇지만 지난 주말에
는 한국 친구하고 같이 민속촌에 갔어요. 민속촌에 가서
구경도 하고 한국 음식도 먹었어요. 아주 재미있었어요.
다음 주에는 박물관에 가려고 해요.

New Vocabulary

지난 주말 last weekend

민속촌 Folk Village

다음 주 next weekend

1 〈보기〉와 같이 이야기해 보세요.

> 보기
>
>
>
> 가 : 주말에 뭐 했어요?
> What did you do on the weekend?
>
> 나 : 등산했어요.
> I went hiking.

❶   ❷    ❸

❹    ❺   ❻

● 주말 활동 Weekend activities

빨래하다	to do laundry
청소하다	to clean
요리하다	to cook
쉬다	to rest
쇼핑하다	to go shopping
등산하다	to hike
여행하다	to travel
구경하다	to go sightseeing
놀러 가다	to go somewhere for amusement

2 〈보기〉와 같이 이야기해 보세요.

> 보기
>
> **등산하다**
>
> 가 : 주말에 뭐 할 거예요?
> What will you do this weekend?
>
> 나 : 등산할 거예요.
> I will go hiking.

❶ 청소하다   ❷ 시내를 구경하다   ❸ 영화를 보다

❹ 음식을 만들다   ❺ 집에서 쉬다   ❻ 책을 읽다

3 〈보기 1〉이나 〈보기 2〉와 같이 이야기해 보세요.

> 보기1
>
> **지난주 토요일 /
> 등산하다**
>
> 가 : 지난 주 토요일에 뭐 했어요?
> What did you do last Saturday?
>
> 나 : 등산했어요.
> I went hiking.

> 보기2
>
> **다음 주 토요일 /
> 등산하다**
>
> 가 : 다음 주 토요일에 뭐 할 거예요?
> What will you do next Saturday?
>
> 나 : 등산할 거예요.
> I will go hiking.

❶ 지난 주말 / 여행하다   ❷ 이번 주 일요일 / 친구를 만나다

❸ 어제 오후 / 빨래하다   ❹ 이번 주말 / 청소하다

● 시간 Time

지난주	last week
이번 주	this week
다음 주	next week
지난달	last month
이번 달	this month
다음 달	next month
작년	last year
올해	this year
내년	next year

● New Vocabulary

다니다	to commute to

4 〈보기〉와 같이 이야기해 보세요.

> **보기**
>
> 바닷가,
> 수영을 하다
>
> 가 : 주말에 뭐 했어요?
> What did you do last weekend?
>
> 나 : 바닷가에 가서 수영을 했어요.
> I went to the beach and swam.

❶ 수영장, 수영을 하다   ❷ 운동장, 야구를 보다

❸ 시장, 과일을 사다   ❹ 박물관, 구경을 하다

❺ 대학로, 연극을 보다   ❻ 공원, 사진을 찍다

5 〈보기〉와 같이 이야기해 보세요.

> **보기**
>
> 집에서 쉬다 /
> 도서관, 공부를 하다
>
> 가 : 주말에 뭐 했어요?
> What did you do last weekend?
>
> 나 : 집에서 쉬었어요. ○○ 씨는 주말에 뭐 했어요?
> I rested at home. What did you do last weekend?
>
> 가 : 도서관에 가서 공부를 했어요.
> I went to the library and studied.

❶ 백화점에서 쇼핑하다 / 극장, 영화를 보다

❷ 명동에서 친구를 만나다 / 시장, 옷을 사다

❸ 집에서 공부하다 / 백화점, 쇼핑하다

❹ 인사동에 가다 / 미술관, 그림을 구경하다

6 〈보기〉와 같이 이야기해 보세요.

> **보기**
>
> 등산하다
>
> 가 : 주말에 뭐 할 거예요?
> What will you do this weekend?
>
> 나 : 등산하려고 해요.
> I plan to hike.

❶ 집에서 쉬다   ❷ 친구를 만나다

❸ 영화를 보다   ❹ 친구 집에 가서 놀다

❺ 집에서 책을 읽다   ❻ 공원에 가서 사진을 찍다

장소 Places

산	mountain
바닷가	beach
수영장	swimming pool
운동장	playground
박물관	museum
공원	park
미술관	art gallery

New Vocabulary

과일	fruit
명동	*Myeongdong* (district)
그림	picture

발음 Pronunciation

Double vowels 와 and 워

> 박물관
> 공원

와 and 워 are double vowels. The 와 sound is formed when 오 and 아 are pronounced consecutively at a fast rate, and 워 is formed when 우 and 어 are combined in the same manner.

 ▶ 와

 ▶ 워

▶ 연습해 보세요.

(1) 백화점, 도서관

(2) 회사원, 추워요

(3) 가 : 주말에 뭐 해요?
    나 : 영화를 봐요.

(4) 가 : 제주도에 가 봤어요?
    나 : 네, 가 봤어요. 아주 아름다웠어요.

7 〈보기〉와 같이 이야기해 보세요.

보기

가 : 동대문시장에 가 봤어요?
　　Have you ever been to 동대문 market?

나 : 네, 가 봤어요.
　　Yes, I have.

동대문시장에 가다

● New Vocabulary

동대문시장
Dongdaemun market

역사 history

아리랑 *Arirang*
(the name of a folksong)

한국말로 in Korean

❶
스키를 타다

❷
삼계탕을 먹다

❸
인사동에 가다

❹
한국 역사책을 읽다

❺
아리랑 노래를 듣다

❻
한국말로 전화하다

8 〈보기〉와 같이 이야기해 보세요.

보기

동대문시장에 가다/
물건이 싸다

가 : 동대문시장에 가 봤어요?
　　Have you ever been to 동대문 market?

나 : 아니요, 못 가 봤어요.
　　No, I haven't.

가 : 물건이 아주 싸요. 한번 가 보세요.
　　The merchandise is very cheap. Try going
　　sometime.

● Language Tip

'못 가 봤어요'. means someone
has not been somewhere before
since he/she did not have a
chance.

● New Vocabulary

물건 merchandise

싸다 to be cheap

북한산 *Bukhansan*(mountain)

경주 *Gyeongju*(city)

❶ 불고기를 먹다 / 맛있다

❷ 북한산에 가다 / 산이 아름답다

❸ 이 음악을 듣다 / 좋다

❹ 스키를 타다 / 재미있다

❺ 인사동에 가다 / 재미있다

❻ 경주를 여행하다 / 아름답다

9 〈보기〉와 같이 이야기해 보세요.

>
> **인사동에 가다**
>
> <보기>
>
> 가 : 토요일에 뭐 할 거예요?
> What will you do on Saturday?
>
> 나 : 인사동에 가려고 해요.
> ○○ 씨는 인사동에 가 봤어요?
> I plan to go to 인사동.
> Have you ever been to 인사동?
>
> 가 : 아니요, 못 가 봤어요.
> No, I haven't.
>
> 나 : 그럼 같이 갈래요?
> Then, will you go with me?
>
> 가 : 네, 좋아요. 같이 가요.
> Okay, that sounds good. Let's go together.

❶ 동대문시장에 가다   ❷ 공원에 가서 사진을 찍다

❸ 한국 음식을 만들다   ❹ 스키를 타다

 문화 **한국인의 주말 활동** Weekend activities

● 한국 사람들은 보통 주말을 어떻게 보낼까요?
How do Koreans spend their weekend?

A recent research released by the National Statistical Office shows that most Koreans like to watch TV, while sleeping and housework are ranked the second and third respectively. Most respondents answered that they would like to do leisure activities but end up watching TV because it is easy to do. However, the number of people who enjoy leisure activities and outdoor sports with their families is increasing since the 1990s. It was found that the widespread use of the internet makes more people spend their weekend in front of computers surfing the internet. The fourth most popular weekend activity is spending time with their families, and using the computer or internet followed by ranking fifth. One interesting result found in this research is that more office workers spend their time on learning something for self-development due to the implementation of the two-day weekend.

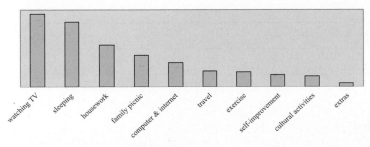

● 여러분 나라 사람들은 보통 주말을 어떻게 보내요?
How do people in your country spend their weekend?

Listening_듣기

1 다음 대화를 듣고 맞는 그림을 고르세요.

Listen to the dialogue and choose the correct picture.

1) _____ 2) _____ 3) _____ 4) _____

2 영진 씨와 린다 씨가 지난 주말 활동에 대해 이야기하고 있습니다. 대화를 잘 듣고 두 사람이 지난 주말에 무엇을 했는지 맞는 그림을 고르세요.

Listen to the dialogue between 영진 and *Linda* and choose the correct picture describing what they did last weekend.

3 두 사람의 대화를 듣고 질문에 답하세요.
Listen to the dialogue and answer the questions.

1) 미영 씨는 주말에 무엇을 할 계획이었습니까?
What are 미영's plans for this weekend?

weekly plan	
토요일	일요일

2) 잘 듣고 다음 내용이 맞으면 O, 틀리면 X 에 표시하세요.
Listen corefully and mark the following statements as either O or x.

(1) 여자는 한강 공원에 가 봤어요. [O] [X]

(2) 두 사람은 일요일에 만날 거예요. [O] [X]

(3) 두 사람은 주말에 운동을 하려고 해요. [O] [X]

● New Vocabulary

한강 공원 *Hangang* Park

Speaking_말하기

1 친구들은 지난 주말을 어떻게 보냈을까요? 이야기해 보세요.

Ask your classmates what they did last weekend.

● 여러분은 지난 주말에 어디에 갔어요? 거기에 가서 무엇을 했어요? 메모해 보세요.

Where did you go last weekend? What did you do there? Fill in the following memo based on your own experience.

장소 Place	한 일 What you did there

● 친구와 함께 지난 주말에 무엇을 했는지 이야기해 보세요.

Talk to a classmate about what you did last weekend.

2 친구와 이번 주말 계획을 세워 보세요.

Make weekend plans with a classmate.

● 여러분은 이번 주말에 친구와 어디에 가서 무엇을 하고 싶어요? 생각해 보세요.

Where do you want to go this weekend with your friend and what do you want to do there?

● 친구에게 여러분이 하고 싶은 주말 활동을 함께 하자고 제안해 보세요.

Make a suggestion to your classmate to join in your plans for the weekend.

● 여러분의 주말 계획을 발표해 보세요.

Tell the class about your weekend plans.

📖 Reading_읽기

1 다음은 마이클 씨의 주말 이야기입니다. 글을 읽고 질문에 답하세요.

Read the following passage about *Michael*'s weekend and answer the questions.

● 여러분은 다음 장소를 알고 있습니까?

Do you know the following places?

경복궁 · 남산 · 서울 타워

● 다음 글을 읽고 맞으면 ○, 틀리면 × 에 표시하세요.

Read the following paragraph and mark the following statements as either ○ or ×.

> 저는 주말에 보통 서울 시내를 구경해요. 지난 주말에는 친구하고 같이 경복궁에 갔어요. 경복궁을 구경하고 사진도 찍었어요. 좀 피곤했어요. 그렇지만 경복궁이 아주 아름다워서 기분이 좋았어요.
>
> 이번 주말에는 남산에 가려고 해요. 서울 타워에 가서 서울 시내를 구경할 거예요. 서울은 정말 크고 아름다워요. 여러분도 주말에 서울을 구경해 보세요.

New Vocabulary

시내 downtown

경복궁
Gyeongbokgung(palace)

남산 *Namsan*(mountain)

서울 타워 Seoul Tower

크다 to be big

여러분 all of you

(1) 마이클 씨는 보통 주말에 집에서 쉬어요. ○ ×

(2) 마이클 씨는 지난 주말에 경복궁에 갔어요. ○ ×

(3) 마이클 씨는 서울 구경을 많이 했어요. ○ ×

(4) 마이클 씨는 남산에 가서 사진을 찍을 거예요. ○ ×

✏️ Writing_쓰기

1 여러분은 보통 주말을 어떻게 보내요? 여러분의 주말 이야기를 써 보세요.

How do you usually spend your weekend? Please write a paragraph telling about your weekend.

● 여러분은 주말을 어떻게 보내요/보냈어요? 메모해 보세요.
How do/did you spend your weekend? Please fill in the following chart.

보통 주말을 어떻게 보내요?

지난 주말에 어디에 가서 무엇을 했어요? 어땠어요?

이번 주말에는 어디에 가서 무엇을 할 거예요?

● 위의 메모를 보고 여러분의 주말 이야기를 써 보세요.
Using the chart above, write a story about your weekend.

자기 평가 ✏️   Self-Check

● 경험을 이야기할 수 있습니까? Are you able to talk about your experience?	Excellent ●━━━●━━━● Poor
● 주말 활동에 대해 이야기할 수 있습니까? Are you able to talk about your weekend activities?	Excellent ●━━━●━━━● Poor
● 주말 활동을 설명하는 글을 읽고 쓸 수 있습니까? Are you able to read and write a text which describes weekend activities?	Excellent ●━━━●━━━● Poor

1 –(으)려고 하다

- -(으)려고 하다 is attached to a verb stem and indicates the speaker's intention.
- This takes two forms depending on the last letter of the verb stem.

  a. If the verb stem ends in a vowel or in the consonant ㄹ, -려고 하다 is used.

  b. If the verb stem ends in a consonant other than ㄹ, -으려고 하다 is used.

(1) 이번 주말에 여행을 가려고 해요.   This weekend, I intend to go on a trip.

(2) 휴가 동안 집에서 책을 읽으려고 해요.

(3) 린다 씨한테 전화를 걸려고 해요.

    그런데 동전이 없어요.

(4) 어제 오후에 영화를 보려고 했어요.

    그런데 시간이 없어서 못 봤어요.

(5) 이번 일요일에 _____.

(6) 며칠 전에 _____. 그런데 _____.

> **New Vocabulary**
>
> 휴가 vacation
> 동안 during
> 동전 coin
> 며칠 a few days
> 전 ago

2 –에 가서

- -에 가서 is attached to a place noun, and it indicates what someone does or did at that place after arriving there.

- The subject in the first part of the sentence should be the same as the subject in the second part of the sentence.

> 시장에 갔어요. 그리고 거기에서 옷을 샀어요.   I went to the market. And there I bought clothes.
>
> ➡ 시장에 가서 옷을 샀어요.   I went to the market and then bought clothes.

(1) 대학로에 가서 연극을 봤어요.   I went to 대학로 and then watched a play.

(2) 학교에 가서 친구를 만나요.

(3) 시장에 가서 과일을 살 거예요.

(4) 극장에 가서 영화를 봤어요.

(5) 식당_____.

(6) _____ 커피를 마셨어요.

3 –아/어/여 보다

- –아/어/여 보다 is attached to a verb stem, and it indicates an experience of trying something. In –어 보았어요, the meaning is usually an experience while –어 보세요 is used to make a suggestion.

  한국에 가 봤어요. I have been to Korea.

  한국에 가 보세요. Try visiting Korea.

- This takes one of the three different forms.

  a. If the last vowel in the verb stem is ㅏ or ㅗ, –아 보다 is used.

  b. If the last vowel in the verb stem is any vowel other than ㅏ and ㅗ, –어 보다 is used.

  c. For 하다, the correct form is –여 보다. However, generally, 해 보다 is used instead of 하여 보다.

(1) 가 : 민속촌에 가 봤어요? Have you ever been to 민속촌?

　　나 : 네, 가 봤어요. Yes, I have.

(2) 가 : 이 노래를 들어 봤어요?

　　나 : 아니요, 못 들어 봤어요.

(3) 가 : 이 옷이 마음에 들어요.

　　나 : 그러면 한번 입어 보세요.

(4) 가 : 옷을 사러 갈 거예요.

　　나 : 그럼 남대문시장에 가 보세요. 물건이 아주 싸고 좋아요.

(5) 가 : 이 책을 ＿＿＿＿＿＿＿＿＿＿＿＿＿＿＿＿?

　　니 : 네, ＿＿＿＿＿＿＿＿＿＿. 아주 재미있어요.

(6) 가 : 맛있는 음식을 먹고 싶어요.

　　나 : 그러면 ＿＿＿＿＿＿＿＿＿＿＿＿＿.

> **New Vocabulary**
>
> 노래 song
>
> 마음에 들다 to like
>
> 남대문시장
> *Namdaemun* market

제10과 교통
Transportation

Goals

You will be able to talk about transportation.

Topic	Transportation
Function	Finding out about transportation
	Talking about transportation
Activity	Listening : Listen to a passage explaining transportation
	Speaking : Talk about transportation from home to school, Talk about some nearby famous places and explain how to get there
	Reading : Read a passage explaining transportation
	Writing : Write a passage explaining transportation
Vocabulary	Means of transportation
Grammar	-아/어/여야 되다/하다, -에서, -까지
Pronunciation	Nasalization of ㄹ
Culture	Seoul's public transportation

제10과 교통 Transportation

도입 Introduction

1. 여기는 어디입니까? 두 사람은 무슨 이야기를 할까요?

   Where is this place? What might the two people be talking about?

2. 여러분은 집에서 학교까지 어떻게 옵니까?

   How do you get to school from home?

1

린다 : 수미 씨는 학교에 뭘 타고 와요?

수미 : 버스를 타고 와요.

린다 : 집에서 학교까지 얼마나 걸려요?

수미 : 30분 정도 걸려요.

　　　린다 씨는 학교에 어떻게 와요?

린다 : 전 기숙사에 살아요. 그래서 걸어와요.

New Vocabulary

타다　to ride

버스　bus

얼마나　how long

걸리다　(time) to take

(30분)정도　about(30minutes)

기숙사　dormitory

걸어오다　to come by walking

2

마이클 : 수미 씨, 시청에 어떻게 가야 돼요?

수　미 : 지하철을 타고 가세요.

마이클 : 지하철 몇 호선을 타야 돼요?

수　미 : 1호선을 타고 가세요.

마이클 : 시간이 얼마나 걸려요?

수　미 : 40분쯤 걸려요.

New Vocabulary

시청　City Hall

지하철　subway

(1)호선　line (number 1)

(for a train, subway, etc.)

3

일요일에 중국에서 친구가 와서 공항에 갔어요. 집에서 시청까지 지하철을 타고 갔어요. 거기에서 공항까지 공항 버스로 갈아타고 갔어요. 한 시간 반쯤 걸렸어요.

New Vocabulary

공항　airport

공항 버스　airport bus

갈아타다　to transfer

(planes, subways, buses, etc.)

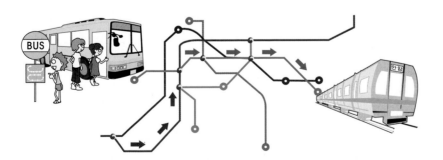

1 〈보기〉와 같이 이야기해 보세요.

보기

학교 /

가 : 학교에 뭐 타고 가요?
What mode of transportation do you take to get to school?

나 : 지하철을 타고 가요.
I ride the subway to get to school.

❶ 집 /

❷ 회사 /

❸ 시장 /

❹ 병원 /

❺ 경주 /

❻ 부산 /

교통 수단 Means of Transportation

차 car
버스 bus
지하철 subway
택시 taxi
자전거 bicycle
오토바이 motorcycle
기차 train
고속 버스 express bus
비행기 airplane
배 ship

New Vocabulary

부산 Busan(city)

2 〈보기〉와 같이 이야기해 보세요.

보기

집이 학교 근처에 있다, 걸어오다

가 : 학교에 어떻게 와요?
How do you come to school?

나 : 집이 학교 근처에 있어요. 그래서 걸어와요.
My home is in the school's neighborhood. So I walk.

New Vocabulary

걸어오다 to arrive by walking
걸어다니다 to go around on foot
버스 정류장 bus stop
지하철역 subway station
근처 neighborhood
가깝다 to be close
멀다 to be far

❶ 집이 가깝다, 자전거를 타고 오다

❷ 우리 집은 인천이다, 지하철을 타고 오다

❸ 지하철역이 멀다, 버스를 타고 오다

❹ 기숙사에 살다, 걸어 다니다

❺ 차가 있다, 제 차를 타고 오다

❻ 버스 정류장이 집에서 멀다, 지하철을 타고 오다

3 〈보기〉와 같이 이야기해 보세요.

보기

집 ➡ 학교
　　10분

가 : 집에서 학교까지 얼마나 걸려요?
How long does it take from home to school?

나 : 십 분 걸려요.
It takes 10 minutes.

❶ 집 ➡ 회사
　　10분

❷ 집 ➡ 학교
　　1시간

❸ 기숙사 ➡ 학교
　　　10분

❹ 서울 ➡ 제주도
　　　1시간

❺ 서울 ➡ 부산
　　3시간 반

❻ 학교 ➡ 시청
　　　15분

4 〈보기〉와 같이 이야기해 보세요.

보기

2시간 10분 ➡ 대전

가 : 대전에 어떻게 가요?
How do you go to 대전?

나 : 버스를 타고 가요.
I ride the bus.

가 : 시간이 얼마나 걸려요?
How long does it take?

나 : 두 시간 십 분 걸려요.
It takes 2 hours and 10 minutes.

• New Vocabulary

대전 *Daejeon*(city)

설악산 *Seoraksan*(mountain)

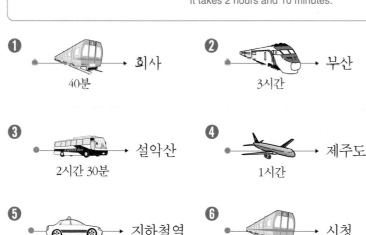

❶ 40분 ➡ 회사

❷ 3시간 ➡ 부산

❸ 2시간 30분 ➡ 설악산

❹ 1시간 ➡ 제주도

❺ 10분 ➡ 지하철역

❻ 50분 ➡ 시청

5 〈보기 1〉과 〈보기 2〉와 같이 이야기해 보세요.

> **보기1**
>
> **시청 / 버스**
>
> 가 : 시청에 어떻게 가야 돼요?
> How should I go to City Hall?
>
> 나 : 버스를 타고 가세요.
> Take the bus.

> **보기2**
>
> **시청 / 버스**
>
> 가 : 시청에 어떻게 가야 돼요?
> How should I go to City Hall?
>
> 나 : 버스를 타고 가야 돼요.
> You should take the bus.

❶ 제주도 / 비행기   ❷ 종로 / 버스

❸ 부산 / 기차   ❹ 고속 버스 터미널 / 360번 버스

❺ 시청 / 지하철 2호선   ❻ 박물관 / 지하철 6호선

● New Vocabulary

고속 버스 터미널
express bus terminal

6 〈보기〉와 같이 이야기해 보세요.

> **보기**
>
> ⟶ **시청** ⟶ **서울역**
> 600번 버스   150번 버스
>
> 가 : 서울역에 어떻게 가야 돼요?
> How should I go to Seoul Station?
>
> 나 : 먼저 600번 버스를 타세요.
> 그리고 시청에서 150번 버스로 갈아타세요.
> First, take the bus #600.
> And transfer to bus #150 at City Hall.

❶ ⟶ 시청 ⟶ 한국 백화점
지하철 1호선   지하철 2호선

❷ ⟶ 시청 ⟶ 한국 백화점
100번 버스   301번 버스

❸ ⟶ 터미널 ⟶ 동대문시장
2000번 버스   720번 버스

❹ ⟶ 터미널 ⟶ 동대문시장
지하철 3호선   지하철 4호선

❺ ⟶ 터미널 ⟶ 동대문시장
200번 버스   지하철 5호선

● 발음 Pronunciation

Nasalization of ㄹ

> 종로 [종노]
> 버스 정류장 [버스 정뉴장]

When ㄹ is followed by a consonant other than ㄴ and ㄹ, it changes into ㄴ.

▶연습해 보세요.
(1) 장래, 심리학
(2) 짬뽕 라면, 비빔 라면
(3) 가 : 홍릉에 어떻게 가요?
　　나 : 안암로에서 버스를
　　　　타세요.

7 다음은 서울의 지하철 노선도입니다. 〈보기〉와 같이 목
적지에 가는 방법을 물어 보세요.

The following is Seoul's subway route information. Ask how to
get from the given starting point to the given destination.

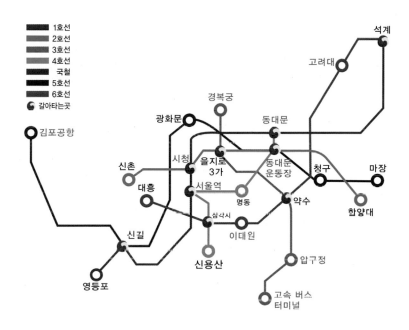

보기

경복궁
↓
고려대

가 : 고려대에 어떻게 가요?
How can I go to 고려대?

나 : 여기에서 3호선을 타고 약수까지 가세요.
약수에서 6호선으로 갈아타세요.
Take the subway line 3 and go to 약수 and transfer to
line 6 there.

● New Vocabulary

고려대 *Korea* University

❶ 동대문 ➡ 김포공항 ❷ 신촌 ➡ 고속 버스 터미널
❸ 시청 ➡ 경복궁 ❹ 경복궁 ➡ 동대문 운동장
❺ 고려대 ➡ 압구정 ❻ 이태원 ➡ 서울역

8 〈보기 1〉이나 〈보기 2〉와 같이 이야기해 보세요.

 → 서울역
30분

가 : 서울역에 어떻게 가야 돼요?
How should I go to Seoul Station?

나 : 버스를 타고 가세요.
You can take the bus.

가 : 여기에서 서울역까지 시간이 얼마나 걸려요?
How long does it take from here to Seoul Station?

나 : 30분 걸려요.
It takes 30 minutes.

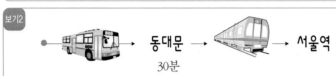 동대문 → 서울역
30분

가 : 서울역에 어떻게 가야 돼요?
How should I go to Seoul Station?

나 : 먼저 버스를 타고 동대문까지 가세요.
First, take the bus to 동대문.

거기에서 지하철로 갈아타세요.
There, you can transfer to the subway.

가 : 여기에서 서울역까지 시간이 얼마나 걸려요?
How long does it take from here to Seoul Station?

나 : 30분 걸려요.
It takes 30 minutes.

• New Vocabulary

중앙 시장 Central Market

수원 *Suweon*(city)

❶  → 시청
20분

❷  → 중앙 시장
1시간

❸ 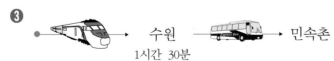 수원 → 민속촌
1시간 30분

❹ 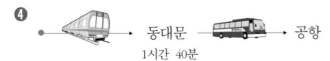 동대문 → 공항
1시간 40분

🎧 Listening_듣기

1 다음 대화를 잘 듣고 맞는 그림을 고르세요.

Listen to the dialogue and choose the correct picture.

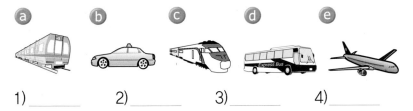

(a)   (b)   (c)   (d)   (e)

1) _____   2) _____   3) _____   4) _____

2 다음 대화를 잘 듣고 관계 있는 것끼리 연결하세요.

Listen to the dialogue and match the correct information.

영숙   교코   1시간   10분   20분   1시간 반

3 다음 대화를 듣고 남대문시장에 가는 방법으로 맞는 것을 모두 고르세요.

Listen to the dialogue and choose all the possible ways to get to 남대문시장.

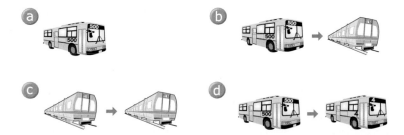

(a)   (b)   (c)   (d)

🎤 Speaking_말하기

1 친구들이 학교에 오는 방법, 걸리는 시간에 대해 이야기 해 보세요.

Ask your classmates how they come to school and how long it takes.

● 학교에 오는 방법과 걸리는 시간을 물어 볼 때 어떻게 말해요?

What do you say when you want to ask how to come to school and how long it takes to come to school?

● 친구들과 학교에 오는 방법과 걸리는 시간에 대해 묻고 대답 해 보세요.

Talk with your classmates about how to come to school and how long it takes to come to school.

이름 Name	교통 수단 Transportation	시간 Time
김 수 미	집 → 동대문 → 학교 버스 지하철	45분

● 조사한 내용을 발표해 보세요.

Present what you have found out from your classmates.

2 여러분이 가 본 장소 중 좋은 곳을 친구들에게 소개해 주세요.

Introduce to your classmates a great place you have been to.

● 여러분이 살고 있는 곳에서 갈 만한 곳이 있습니까? 거기에 어떻게 갑니까? 시간이 얼마나 걸립니까? 메모해 보세요.

Are there any interesting places near the place you live? How do you get there? How long does it take to get there? Write the answers down below.

장소 Place	교통 수단 Transportation	시간 Time

● 위의 메모를 보고 친구들에게 좋은 장소를 소개하고, 가는 방법을 알려 주세요.

Based on the notes you made above, introduce these interesting places to your classmates. Then tell them how to get there.

📖 Reading_읽기

1 다음 이메일을 읽고 질문에 답하세요.

Read the following e-mail message and answer the questions.

메일 쓰기	○○○
받는 사람	요코〈Yoko@hanmail.net〉
보낸 사람	영진
제목	생일 파티에 오세요.

요코 씨, 토요일에 시간 있어요? 토요일은 내 생일이에요. 그래서 우리 집에서 생일 파티를 할 거예요. 파티는 저녁 6시에 있어요. 요코 씨, 꼭 와야 돼요. 우리 집은 시청 근처에 있어요. 학교에서 지하철 6호선을 타세요. 그리고 신당에서 2호선으로 갈아타고 오세요. 시청역 앞에 한국 아파트가 있어요. 우리 집은 한국 아파트 2동 510호예요. 학교에서 우리 집까지 30분쯤 걸릴 거예요. 그럼, 토요일에 만나요.

1) 학교에서 영진 씨 집까지 어떻게 가요?

How can you go from school to 영진's house? Fill in the missing information.

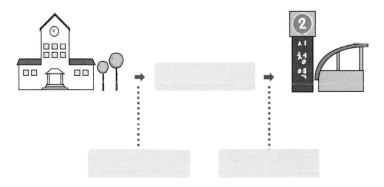

2) 다음 내용이 맞으면 ○, 틀리면 ✕ 에 표시하세요.

Check ○ if the statement is correct and ✕ if incorrect.

(1) 영진 씨의 집은 학교 근처에 있어요. | ○ | ✕ |

(2) 영진 씨의 집까지 한 시간쯤 걸려요. | ○ | ✕ |

1 여러분의 친구가 서울에 옵니다. 공항에서 여러분의 집
까지 어떻게 오는지 설명하는 글을 써 보세요.

Your friend will come to Seoul. Explain how to get to your house
from the airport.

● 다음은 공항에서 여러분의 집까지 오는 방법입니다. 어떻게
오는지 알아봅시다.

The following map shows how to get to your house from the airport.

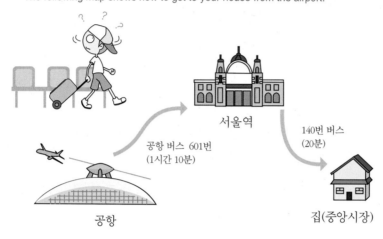

서울역

공항 버스 601번
(1시간 10분)

140번 버스
(20분)

공항

집(중앙시장)

● 다음은 여러분의 친구 마이클 씨에게 공항에서 여러분의 집
까지 어떻게 오는지 설명하는 편지입니다. 위의 그림을 보고
편지를 완성해 보세요.

The following is the beginning of a letter explaining how to get to your house
from the airport. Look at the picture above, and finish the letter.

마이클 씨

금요일에 마이클 씨를 만나러 공항에 가려고 했어요.

그런데, 그 날 시험이 있어서 안 돼요. 미안하지만,

마이클 씨가 우리 집 근처까지 오세요.

내가 버스 정류장에서 기다릴게요.

우리 집은 중앙 시장 근처에 있어요.

공항에서 우리 집까지 이렇게 오세요.

 **문화** 서울의 대중 교통 Seoul's Public Transportation

● 서울에는 대중 교통 수단이 편리하게 잘 되어 있을까요? 서울 사람들은 교통 수단을 많이 이용할까요?
Do you think the public transportation in Seoul is convenient? Do residents in Seoul use public transportation a lot?

 Seoul is a big city with more than 10 million residents. As a result, its public transportation, including subways and buses, has well developed routes so that people can travel easily. Subway and bus are diverse and they are connected to each other for easy and convenient transfers. For those who transfer from one means of transportation to the other, the fare is discounted or sometimes even free of charge. However, there are heavy traffic jams during rush hour due to people driving their own car.

❶  ❷  ❸

● 여러분의 도시에서는 사람들이 대중 교통 수단을 많이 이용합니까?
Do many people use public transportation in your country?

자기 평가 ✏️   Self-Check

● 어딘가에 가는 방법을 설명할 수 있습니까?   Excellent ●——●——● Poor
Are you able to explain the ways how to go to a certain place?

● 교통편을 설명하는 글을 읽고 쓸 수 있습니까?   Excellent ●——●——● Poor
Are you able to read and write a text which explains means of transportation?

1 –아/어/여야 되다/하다

- -아/어/여야 되다 is attached to a verb stem, and it means should or must. In daily conversations, 되다 is more frequently used than 하다.

- This takes one of three different forms.
  a. If the last vowel in the verb stem is ㅏ (but not -하다) or ㅗ, -아야 되다 is used.
  b. If the last vowel is any vowel other than ㅏ and ㅗ, -어야 되다 is used.
  c. For 하다, 하여야 되다 is the correct form, but this is usually contracted to 해야 되다.

  (1) 시청에 버스를 타고 가야 돼요.   You should ride the bus to go to the City Hall.
  (2) 내일은 9시까지 와야 돼요.
  (3) 다음 주에 시험이 있어서 공부해야 돼요.
  (4) 오늘까지 이 일을 다 해야 돼요.
  (5) 서울역에 가려고 해요. _____?
  (6) 저는 오늘 _____.

> **New Vocabulary**
>
> 시험 examination
> 이 this

2 –에서, –까지

-에서 means 'from' and -까지 means 'to'. It is used after place nouns and describes the starting point and the destination.

  (1) 저는 미국에서 왔어요.   I came from the United States.
  (2) 부산까지 기차를 타고 가세요.
  (3) 집에서 학교까지 버스를 타고 가요.
  (4) 서울에서 경주까지 3시간쯤 걸려요.
  (5) 저는 _____ 왔어요.
  (6) _____ 뛰어갔어요.

> **New Vocabulary**
>
> 뛰어가다 to run

MEMO

제11과 전화
Telephone

Goals

You will be able to make and answer telephone calls.

Topic	Telephone
Function	Making and answering telephone calls
Activity	Listening : Understand a telephone conversation.
	Speaking : Make and answer telephone calls in various situations.
	Reading : Read a survey about electronic communication (telephone, e-mail, etc.) and answer the questions
	Writing : Write about how you use the telephone.
Vocabulary	Telephone number, Expressions related to phone use
Grammar	-아/어/여 주세요, -(으)ㄹ 것이다, -(으)ㄹ게요
Pronunciation	Intonation of '-지요?'
Culture	Electronic communication

제11과 전화 Telephone

도입 Introduction

1. 이 사람들은 무엇을 하고 있어요?

   What are these people doing?

2. 한국말로 전화해 본 적 있어요? 전화를 걸면 처음에 뭐라고 말을 해요?

   Have you ever spoken Korean on the telephone? When you make a telephone call, what do you say first?

1

마이클 : 여보세요. 거기 이 선생님 댁이지요?

부　인 : 네, 그런데요.

마이클 : 저는 마이클인데요. 이 선생님 계세요?

부　인 : 네, 잠깐만 기다리세요.

New Vocabulary

여보세요.
Hello. (only for telephone calls, not in person)

댁 house(honorific)

부인 wife

그런데요. Yes, it is.

계시다 to be (t)here(honorific)

잠깐만 just a moment

2

케　빈 : 여보세요. 다케시 씨 좀 바꿔 주세요.

토머스 : 다케시 씨는 학교에 갔어요.

케　빈 : 그럼 집에 몇 시쯤 들어와요?

토머스 : 글쎄요. 아마 여섯 시쯤 들어올 거예요.

케　빈 : 그러면 제가 일곱 시쯤 다시 전화할게요.
　　　안녕히 계세요.

New Vocabulary

○○ 좀 바꿔 주세요.
May I speak to ○○?

들어오다 to come in

이미 perhaps

글쎄요. Well.

제가 I

다시 again

3

여러분은 친구에게 편지를 자주 써요? 저는 편지를 잘 안
써요. 그 대신 자주 전화를 하고, 이메일을 보내요. 저도
친구들에게서 전화와 이메일을 자주 받아요.
오늘도 친구들에게 이메일을 보냈어요. 제 이메일을 읽고
친구가 바로 답장을 보냈어요. 아주 기뻤어요.

New Vocabulary

자주 often

잘 often

그 대신 instead

전화 telephone

이메일 e-mail

(친구들)에게서 from (friends)

제 my

바로 right away

답장 reply

기쁘다 to be glad

1 〈보기〉와 같이 이야기해 보세요.

> 김영진
>
> 가 : 여보세요. 거기 김영진 씨 집이지요?
> Hello. Is this 김영진's residence?
>
> 나 : 네, 그런데요.
> Yes, it is.
>
> 가 : 김영진 씨 있어요?
> Is 김영진 there?
>
> 나 : 네. 잠깐만 기다리세요.
> Yes. Please wait a moment.

① 이미라 **②** 박지성 **③** 나은주

④ 왕치엔 **⑤** 존슨 **⑥** 사토

2 〈보기〉와 같이 이야기해 보세요.

> 김 선생님
>
> 가 : 여보세요. 거기 김 선생님 댁이지요?
> Hello. Is this 김 선생님's residence?
>
> 나 : 네, 그런데요.
> Yes, it is.
>
> 가 : 김 선생님 계세요?
> Is 김 선생님 there?
>
> 나 : 네. 잠깐만 기다리세요.
> Yes. Please wait just a moment.

● **New Vocabulary**

사장님 president (of a firm)

① 이 선생님 **②** 박 선생님 **③** 최 사장님

④ 강 사장님 **⑤** 이진수 씨 **⑥** 정한영 씨

3 〈보기〉와 같이 이야기해 보세요.

> 보기
>
> **고려 대학교 /**
> **이수영**
>
> 가 : 여보세요. 거기 고려 대학교지요?
> Hello. Is this *Korea* University?
>
> 나 : 네, 그런데요.
> Yes, it is.
>
> 가 : 이수영 씨 좀 부탁합니다.
> May I speak to 이수영, please?
>
> 나 : 네. 잠깐만 기다리세요.
> Yes. Please wait just a moment.

● New Vocabulary

신라 호텔 The *Shilla* Hotel
삼성 전자 *Samsung* Electronics
엘지 전자 *LG* Electronics
국민 은행 *Kookmin* Bank
현대 자동차
Hyundai Motor Company

❶ 김치 박물관 / 김민규　　❷ 신라 호텔 / 이지현

❸ 삼성 전자 / 박인수　　❹ 엘지 전자 / 한지호

❺ 국민 은행 / 김주영　　❻ 현대 자동차 / 정찬기

4 〈보기〉와 같이 이야기해 보세요.

> 보기
>
> **245-6021**
>
> 가 : 여보세요. 거기 이사오의 육공이일
> 이지요?
> Hello. Is this 245-6021?
>
> 나 : 네, 맞는데요.
> Yes, that's right.

● New Vocabulary

맞는데요. That's right.

❶ 713-6845　　❷ 524-5021　　❸ 678-2580

❹ 3290-2971　　❺ 02-385-6010　　❻ 032-162-6593

> ● Language Tip
>
> 245-6021
> 이사오의 육공이일/이백사
> 십오 국외 육천이십일 번
> Zero can be read either as 공
> or as 영(2470 : 이사칠공/이
> 사칠영).

5 〈보기〉와 같이 이야기해 보세요.

> 보기
>
> **가르치다**
>
> 가 : 전화 번호가 어떻게 돼요?
> 좀 가르쳐 주세요.
> What is your telephone number? Please tell
> me.
>
> 나 : 253-2785예요.
> It is 253-2785.

● New Vocabulary

전화 번호 telephone number
어떻게 돼요? What is ~?
가르치다 to teach
알리다 to inform
메모하다 to jot down
적다 to write

❶ 말하다　　❷ 이야기하다　　❸ 알리다

❹ 메모하다　　❺ 쓰다　　❻ 적다

6 5의 대화를 이용하여 반 친구들의 전화 번호를 알아보세요.

Find out your classmates' telephone numbers.

● New Vocabulary

아닌데요. No, it's not.

잘못 걸었습니다.
You have the wrong number.

죄송합니다. I'm sorry.

7 〈보기〉와 같이 이야기해 보세요.

> 보기
>
> 김영진 씨 집
>
> 가 : 여보세요. 거기 김영진 씨 집이지요?
> Hello. Is this 김영진's residence?
>
> 나 : 아닌데요. 잘못 걸었습니다.
> No, it's not. You have the wrong number.
>
> 가 : 죄송합니다.
> I'm sorry.

❶ 린다 씨 집

❷ 이 선생님 댁

❸ 고려 대학교

❹ 신라 호텔

❺ 257-3483

❻ 804-6749

8 〈보기〉와 같이 이야기해 보세요.

> 보기
>
> 린다
>
> 가 : 여보세요. 거기 린다 씨 집이지요?
> Hello. Is this Linda's residence?
>
> 나 : 네, 그런데요.
> Yes, it is.
>
> 가 : 린다 씨 좀 바꿔 주세요.
> May I speak to Linda please?
>
> 나 : 잠깐만 기다리세요. 린다 씨, 전화 받으세요.
> Please just wait a moment. Linda, there's a call for you.

❶ 이미라

❷ 아만다

❸ 최인호

❹ 케빈

❺ 다케시

❻ 치엔 웨이

● 발음 Pronunciation

Intonation of '-지요?'

> 수미 씨 집이지요?
> 한국어가 재미있죠?

In Korean yes-no question, falling tone occurs on the second to the last syllable and rising tone occurs on the last syllable. However, in the case of confirmative questions using '-지요?', the intonation is quite similar but the last syllable shows rising and falling.

▶연습해 보세요.
(1) 린다 씨 집이지요?
(2) 이 선생님 댁이지요?
(3) 알겠지요?
(4) 미국 사람이죠?

9 〈보기〉와 같이 이야기해 보세요.

보기

린다 씨 / 마이클

가 : 린다 씨 좀 바꿔 주세요.
May I speak to *Linda* please?

나 : 전데요. 실례지만 누구세요?
This is she. Excuse me, but who is this?

가 : 저 마이클이에요.
This is *Michael*.

New Vocabulary

전데요. This is she/he.
실례지만 Excuse me, but
누구세요? Who is this?

❶ 이미라 씨 / 케빈　　　❷ 왕치엔 씨 / 다나카

❸ 김인호 씨 / 타우픽　　❹ 교코 씨 / 밍밍

❺ 정 선생님 / 린다　　　❻ 이 사장님 / 텐진

10 〈보기1〉과 〈보기2〉와 같이 이야기해 보세요.

보기1

린다 씨

가 : 린다 씨 좀 바꿔 주세요.
May I speak to *Linda*, please?

나 : 린다 씨 지금 없어요.
Linda is not here now.

보기2

린다 씨

가 : 린다 씨 좀 바꿔 주세요.
May I speak to *Linda*, please?

나 : 린다 씨 지금 안 계세요.
Linda is not here now.

❶ 이미영 씨　　❷ 사만다 씨　　❸ 최영호 씨

❹ 한민수 씨　　❺ 최 선생님　　❻ 강 사장님

11 〈보기〉와 같이 이야기해 보세요.

보기

5시 / 6시

가 : 사토 씨 몇 시에 들어와요?
What time will *Sato* come back?

나 : 아마 다섯 시에 들어올 거예요.
Perhaps he will come back at about 5:00.

가 : 그러면 제가 여섯 시에 다시 전화할게요.
Then I will call again at 6:00.

❶ 2시 / 3시　　❷ 4시 / 5시　　❸ 7시 / 8시

❹ 저녁 / 9시　　❺ 밤 / 내일 아침　　❻ 밤 / 다음

12 다음 그림을 보고 이야기하면서 전화 관련 표현을 익혀 보세요.

Look at the following pictures and study the expressions related to telephone use.

전화 통화 Phone Conversation

전화를 걸다
to make a telephone call

전화를 받다
to answer the telephone

전화를 바꿔 주다
to give the telephone to someone else

전화를 끊다 to hang up

통화 중이다
(telephone) to be in use

벨이 울리다
(telephone) to ring

휴대 전화 cell phone

공중 전화 public phone

🎧 Listening_듣기

1 다음은 전화 번호 서비스 회사 직원과의 통화 내용입니다. 잘 듣고 전화 번호를 쓰세요.

Listen to the dialogue with an operator at the telephone company and write the telephone numbers.

문의하신 번호는…

1) 고려 식당 ＿＿＿＿＿ - 1439

2) 서울 극장 ＿＿＿＿＿ - 3028

3) 힐튼 호텔 754 - ＿＿＿＿＿

4) 고려 대학교 3290 - ＿＿＿＿＿

5) 서울 병원 ＿＿＿＿＿＿＿

6) 하나 여행사 ＿＿＿＿＿＿＿

2 다음을 잘 듣고 전화하고 싶은 사람이 있으면 ○, 없으면 ✕에 표시하세요.

Listen to the dialogue and mark whether or not the caller spoke to the person s/he wanted to speak to.

1) | ○ | ✕ | 2) | ○ | ✕ | 3) | ○ | ✕ | 4) | ○ | ✕ |

3 다음 대화를 듣고 질문에 대답하세요.

Listen to the dialogue and answer the questions.

1) 마이클이 왜 전화를 했어요?

2) 마이클과 수미는 토요일에 뭘 할 거예요?

🎤 Speaking_말하기

1 옆 친구와 'A'와 'B'가 되어 이야기해 보세요.

With a classmate, take on the following roles and make a telephone call.

1) A 😊 수미 씨와 전화를 하고 싶어서 회사에 전화를 걸었어요.
   B 😊 나는 수미 씨의 회사 친구예요. 수미 씨가 옆에 있어요.

2) A 😊 선생님에게 전화를 걸었어요.
   B 😊 나는 박 선생님의 딸이에요. 아버지는 지금 집에 안 계세요.

3) A 😊 다케시 씨에게 전화를 걸었어요.
   B 😊 나는 다케시예요. 친구가 전화를 했어요.

● New Vocabulary

딸 daughter

📖 Reading_읽기

1 다음은 통신 이용 실태를 조사하기 위한 설문 조사의 일부입니다. 잘 읽고 질문에 대답하세요.

The following is part of a survey about the use of electronic communication.

● 다음 설문의 ㉠, ㉡이 무슨 뜻일지 추측해 보세요.
   Try to guess the meanings of ㉠ and ㉡ in the survey.

● 잘 읽고 해당되는 것에 표시하세요.
   Answer the survey yourself.

(1) 무엇을 가장 자주 사용합니까?
   ☐ 전화   ☐ 편지   ☐ 이메일

(2) 누구에게 전화나 이메일을 많이 보냅니까?
   ☐ 가족   ☐ 친구   ☐ 직장 동료   ☐㉠기타:_____

(3) 하루에 전화를 몇 번 합니까?
   ☐ 0번   ☐ 1~2번   ☐ 3~5번   ☐ 6번 ㉡이상

(4) 어느 전화를 가장 많이 사용합니까?
   ☐ 집 전화   ☐ 휴대 전화   ☐ 공중 전화   ☐㉠기타:_____

(5) 하루에 이메일을 얼마나 보냅니까?
   ☐ 0개   ☐ 1~5개   ☐ 6~10개   ☐ 11개 ㉡이상

(6) 하루에 이메일을 얼마나 받습니까?
   ☐ 0개   ☐ 1~5개   ☐ 6~10개   ☐ 11개 ㉡이상

● Language Tip

합니까, 보냅니까, 사용합니까, 받습니까 are more formal versions of 해요, 보내요, 사용해요, 받아요.

● New Vocabulary

사용하다 to use
직장 동료 co-worker
하루에 per day
(세) 번 (three) times

✏ Writing_쓰기

1 여러분이 어떤 통신 수단을 이용해 누구와 얼마나 자주
연락을 하는지 설명하는 글을 써 보세요.

Write a story describing the electronic communication you use,
whom you contact, and how often you contact that person.

● 여러분이 위의 설문 조사지에 표시한 내용을 바탕으로, 어떤
내용으로 글을 쓸지 구상해 보세요.

Using your own answers in the survey above, plan what you will write about.

● 구상한 내용을 바탕으로 글을 써 보세요.

Write a full story about the electronic communication based on what you have
planned.

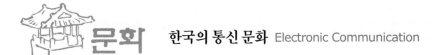

문화 **한국의 통신 문화** Electronic Communication

● 여러분은 '엄지족' 을 아세요? 그리고 다음의 글과 그림의 의미를 아세요?

Do you know what 엄지족 is? And can you guess the meaning of the phrase and pictures below?

> 안냐세요! ㅠ_ㅠ

 With its highly developed telecommunications infrastructure, Korea freely enjoys the use of cellular phones and
the Internet throughout the entire country. Almost all Korean adults use cell phones, and they use their phones
not only to talk, but also to access the Internet and do online banking. When it comes to younger Korean cell
phone users, they often use the text messaging feature to communicate. Some teenagers send over 100 text
messages daily! Because of their ability to move their thumbs so quickly to send messages all day long, they are
called *eom-ji-jok*, which means the 'thumb generation'. Whether in their emails or cell phone messages, these
teenagers frequently use expressions that break the rules of language. In addition, they enjoy using a variety of
emoticons to express their feelings. Here are some examples.

> 방가방가!(반갑습니다.)   8282535(빨리빨리 오세요.)
>
> *^○^* (smiling face)   OTL (frustration)

● 여러분 나라에서 사용하는 통신 언어나 이모티콘은 어떤 것이 있습니까?

What kind of special expressions that break the rules of language or emoticons for on-line communication are used in
your country?

자기 평가 ✏   Self-Check

● 전화 번호를 묻고 알려 줄 수 있습니까?
Are you able to ask and answer the questions asking phone numbers?

Excellent ●———●———●———● Poor

● 한국어로 전화를 걸고 받을 수 있습니까?
Are you able to make and answer phone calls in Korean?

Excellent ●———●———●———● Poor

문법

1 -아/어/여 주세요

- -아/어/여 주세요 is attached to a verb stem, and it is used to ask the listener to do something for the benefit of the speaker or someone else (someone other than the listener). Strictly speaking, this is a command, but its meaning is closer to "Would you do something?"

- This takes one of three forms.
    a. If the last vowel in the verb stem is ㅏ or ㅗ, -아 주세요 is used.
    b. If the last vowel in the verb stem is any vowel other than ㅏ or ㅗ, -어 주세요 is used.
    c. For 하다, the correct form is 하여 주세요. However, 해 주세요 is generally used instead of 하여 주세요.

    (1) 수미 씨 좀 바꿔 주세요. May I speak to 수미, please?
    (2) 가족 사진이에요? 좀 보여 주세요.
    (3) 미안하지만, 사전 좀 빌려 주세요.
    (4) 제 가방 좀 들어 주세요.
    (5) 전화 번호 좀 _____.
    (6) 여기에 전화 번호를 좀 _____.

> **New Vocabulary**
>
> 가족 사진 family photo
> 보이다 to show
> 사전 dictionary
> 빌리다 to borrow
> 들다 to lift up

2 -(으)ㄹ 것이다

- -(으)ㄹ 것이다 is attached to either a verb stem or an adjective stem and it indicates the speaker's guess or conjecture. This is often used together with the adverb 아마.

- This takes two forms.
    a. If the last letter in the stem is a vowel or the consonant ㄹ, -ㄹ 것이다 is used.
    b. If the last letter in the stem is a consonant other than ㄹ, -을 것이다 is used.

- When making a guess about a past event or completed action, -았/었/였을 것이다 is used.
    (1) 잠깐만 기다리세요. 곧 전화가 올 거예요. Please wait just a moment. The phone will ring soon.
    (2) 영호 씨 집에 전화해 보세요. 지금 집에 있을 거예요.
    (3) 수미 씨가 린다 씨한테 이야기했을 거예요.
    (4) 마이클 씨한테 전화해 보세요. 아마 집에 도착했을 거예요.
    (5) 교코 씨는 _____.
    (6) _____. 그러니까 내일 가세요.

> **New Vocabulary**
>
> 도착하다 to arrive

3 –(으)ㄹ게요

● –(으)ㄹ게요 is attached to a verb stem, and it indicates the speaker's volition or determination. It is usually used with 제가/내가/우리가 as the subject of the sentence. It is used only for statements and cannot be used for questions. It is a colloquial expression used in informal situations to people of higher status and/or people you do not know well.

이 일을 제가 할게요. I myself will do this work.

● This takes two forms depending on the last letter of the verb stem.

a. If the verb stem ends in a vowel or the consonant ㄹ, -ㄹ게요 is used.

b. If the verb stem ends in a consonant other than ㄹ, -을게요 is used.

(1) 오늘 저녁에 전화할게요. I will call you tonight.

(2) 수미 씨, 학교 앞에서 기다리세요. 우리가 두 시까지 갈게요.

(3) 잠깐 창문 좀 열게요.

(4) 제가 읽을게요.

(5) 내일은 제가 _____.

(6) 린다 씨, 공부하세요. _____.

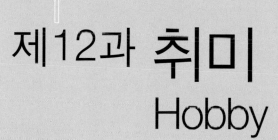

제12과 취미
Hobby

Goals

You will be able to talk about hobbies and leisure activities.

Topic	Hobby
Function	Talking about hobbies and experiences
Activity	Listening : Listen to a conversation about hobbies
	Speaking : Ask friends about their favorite activities and hobbies
	Reading : Read a pamphlet about club activities
	Writing : Write about your hobbies
Vocabulary	Hobbies, Sports, Expressions about frequency
Grammar	-는 것, 못, -보다, -에
Pronunciation	Vowels ㅜ and ㅡ
Culture	Leisure activities

제12과 취미 Hobby

1. 이 사람들의 취미는 무엇일까요?

   Can you guess what are the hobbies of these people?

2. 여러분의 취미는 뭐예요? 시간이 있을 때 여러분은 보통 무엇을 해요?

   What is your hobby? When you have free time, what do you usually do?

1

밍밍 : 성호 씨, 취미가 뭐예요?

성호 : 제 취미는 영화 보는 거예요.

　　　밍밍 씨는 취미가 뭐예요?

밍밍 : 저는 등산하는 것을 좋아해요.

성호 : 산에 자주 가요?

밍밍 : 요즘은 바빠서 자주 못 가요.

• New Vocabulary

취미 hobby

요즘 these days

2

영　민 : 운동하는 것을 좋아해요?

토머스 : 네, 좋아해요.

영　민 : 무슨 운동을 좋아해요?

토머스 : 저는 테니스를 좋아해요.

영　민 : 테니스를 자주 쳐요?

토머스 : 네, 일주일에 두 번 정도 쳐요.

• New Vocabulary

(일주일)에 per (week)

3

제 취미는 사진을 찍는 것이에요. 그래서 저는 주말에 보통 사진을 찍으러 가요. 고궁에도 가고 시장에도 가요. 저는 한국에 있는 동안 한국의 사진을 많이 찍고 싶어요.

• New Vocabulary

고궁 ancient palace

있는 동안
while I stay in some place

1 〈보기〉와 같이 이야기해 보세요.

보기	
여행하다	가 : 여행하는 것을 좋아해요? Do you like travelling? 나 : 네, 여행하는 것을 좋아해요. Yes, I like travelling.

❶ 책을 읽다   ❷ 요리하다

❸ 사진을 찍다   ❹ 음악을 듣다

❺ 춤을 추다   ❻ 그림을 그리다

취미 Hobbies

영화를 보다
to watch a movie

여행하다 to travel

사진을 찍다 to take pictures

요리하다 to cook

춤을 추다 to dance

그림을 그리다 to draw

컴퓨터 게임을 하다
to play computer games

우표를 모으다
to collect stamps

산책하다 to take a walk

운동하다 to do exercise

2 〈보기〉와 같이 이야기해 보세요.

보기	
	가 : 취미가 뭐예요? What is your hobby? 나 : 제 취미는 그림을 그리는 것이에요. My hobby is drawing pictures.

❶    ❷

❸   ❹

❺   ❻

3 〈보기〉와 같이 이야기해 보세요.

Language Tip

거 is a colloquial form of 것, so other short forms such as 게 instead of 것이, 건 instead of 것은, and 걸 instead of 것을 are more frequently used in daily conversations.

보기

가 : 취미가 뭐예요?
What is your hobby?

나 : 운동하는 거예요.
My hobby is playing sports.

가 : 무슨 운동을 좋아해요?
What kind of sports do you like?

나 : 축구를 좋아해요.
I like soccer.

❶

❷

❸

❹

❺

❻

운동 Sports

축구를 하다 to play soccer
야구를 하다 to play baseball
수영을 하다 to swim
스키를 타다 to ski
스케이트를 타다 to skate
골프를 치다 to play golf
테니스를 치다 to play tennis
탁구를 치다 to play ping pong
배드민턴을 치다
to play badminton
볼링을 치다 to play bowling

4 〈보기〉와 같이 이야기해 보세요.

보기

테니스를 치다

가 : 테니스를 칠 수 있어요?
Can you play tennis?

나 : 아니요, 못 쳐요.
No, I can't.

❶ 스키를 타다　　　　❷ 축구를 하다

❸ 탁구를 치다　　　　❹ 볼링을 치다

❺ 야구를 하다　　　　❻ 스케이트를 타다

5 〈보기〉와 같이 이야기해 보세요.

> 보기
>
> **축구 /**
> **야구**
>
> 가 : 축구를 좋아해요?
> Do you like soccer?
>
> 나 : 네. 그렇지만 축구보다 야구를 더 좋아해요.
> Yes, but I like baseball more than soccer.

① 탁구 / 볼링　② 스케이트 / 스키　③ 테니스 / 배드민턴

④ 수영 / 축구　⑤ 산책 / 등산　⑥ 영화 / 연극

6 〈보기〉와 같이 이야기해 보세요.

> 보기
>
> **음악 듣다 /**
> **노래 부르다**
>
> 가 : 음악 듣는 거 좋아해요?
> Do you like listening to music?
>
> 나 : 네. 그렇지만 음악 듣는 것보다
> 노래 부르는 걸 더 좋아해요.
> Yes, but I like singing songs more than
> listening to music.

New Vocabulary

노래 부르다　to sing a song

경기　sporting event

① 축구하다 / 축구 경기 보다　② 영화 보다 / 운동하다

③ 그림 구경하다 / 그림 그리다　④ 책 읽다 / 텔레비전 보다

⑤ 춤추다 / 음악 듣다　⑥ 사진 찍다 / 컴퓨터 게임 하다

7 〈보기 1〉이나 〈보기 2〉와 같이 이야기해 보세요.

> 보기1
>
> **등산을 하다 /**
> **자주**
>
> 가 : 등산을 자주 해요?
> Do you hike often?
>
> 나 : 네, 자주 해요.
> Yes, I hike often.

> 보기2
>
> **볼링을 치다 /**
> **가끔**
>
> 가 : 볼링을 자주 쳐요?
> Do you play bowling often?
>
> 나 : 아니요, 가끔 쳐요.
> No, I play bowling from time to time.

빈도1　Frequency

자주　often

가끔　from time to time

New Vocabulary

미술관　art gallery

① 여행을 하다 / 자주　② 영화를 보다 / 자주

③ 사진을 찍다 / 자주　④ 미술관에 가다 / 가끔

⑤ 스키를 타다 / 가끔　⑥ 음악회에 가다 / 가끔

8 〈보기〉와 같이 이야기해 보세요.

• 빈도2 Less Frequency

보기	
텔레비전을 보다/ 별로	가 : 텔레비전을 자주 봐요? Do you watch television often? 나 : 아니요, 별로 안 봐요. No, I hardly watch television.

별로 안 hardly
거의 안 rarely
전혀 안 not at all

❶ 테니스를 치다 / 별로　　　❷ 요리를 하다 / 별로

❸ 등산을 하다 / 거의　　　❹ 음악을 듣다 / 거의

❺ 컴퓨터 게임을 하다 / 전혀　　❻ 노래를 하다 / 전혀

9 다음 활동을 자주 하는지 안 하는지 친구와 묻고 대답해 보세요.

Match the activity on the left and the frequency on the right by asking a classmate how often s/he does the following activities.

영화	○		○	사주
축구	○		○	가끔
등산	○		○	별로 안
춤	○		○	거의 안
음악회	○		○	전혀 안

10 〈보기〉와 같이 이야기해 보세요.

• New Vocabulary

보기	
영화를 보다 / 한 달	가 : 영화를 얼마나 자주 봐요? How often do you watch movies? 나 : 한 달에 한 번쯤 봐요. I watch movies about once a month.

하루 one day
외국 foreign country

❶ 테니스를 치다 / 일주일　　❷ 축구를 하다 / 일주일

❸ 음악회에 가다 / 한 달　　❹ 외국 여행을 가다 / 일 년

❺ 컴퓨터 게임을 하다 / 하루　❻ 사진을 찍으러 가다 / 한 달

11 〈보기〉와 같이 이야기해 보세요.

보기

1달, 3번

가 : 취미가 뭐예요?
　　What is your hobby?

나 : 제 취미는 영화를 보는 거예요.
　　My hobby is watching movies.

가 : 영화를 얼마나 자주 봐요?
　　How often do you watch movies?

나 : 한 달에 세 번쯤 봐요.
　　I watch movies about three times a month.

● 발음 Pronunciation

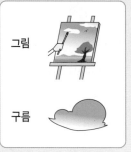

Vowels ㅜ and ㅡ

그림

구름

When you pronounce the vowel ㅜ, you need to make a circle with your lips extruding them. When you pronounce ㅡ, you need to flatten your tongue with your mouth slightly open.

우　　　　으

▶연습해 보세요.
(1) 노래를 부르다, 춤을 추다
(2) 나는 구름을 그려요.
(3) 가 : 음악을 자주 들어요?
　　나 : 네, 자주 들어요.
(4) 가 : 그림을 구경하러 자주
　　　　가요?
　　나 : 아니요, 자주 못 가요.
　　　　가끔 가요.

❶

1달, 1번

❷

1주일, 3번

❸

1주일, 1번

❹

1주일, 5번

❺

1달, 2번

❻

3일, 1번

 **Listening_듣기**

1 잘 듣고 알맞은 그림을 고르세요.

Listen to the dialogue and choose the correct picture.

ⓐ   ⓑ   ⓒ

ⓓ   ⓔ   ⓕ

1) _____   2) _____   3) _____   4) _____

2 다음 대화를 잘 듣고 어떤 것을 더 자주 하는지 표시하세요.

Listen to the dialogue and choose the activity he does more often.

1) ⓐ   ⓑ

2) ⓐ   ⓑ

3) ⓐ   ⓑ

3 다음 대화를 잘 듣고 질문에 대답하세요.

Listen to the dialogue and answer the questions.

1) 남자의 취미는 무엇입니까?

❶    ❷    ❸

2) 얼마나 자주 합니까?

❶ 일주일에 1번   ❷ 일주일에 2번   ❸ 일주일에 3번

3) 두 사람은 주말에 무엇을 합니까?

❶ 테니스를 칠 거예요.

❷ 영화를 볼 거예요.

❸ 축구를 할 거예요.

 문화 **한국인의 취미 생활** Leisure activities

● 한국 사람들이 가장 많이 하는 취미 활동은 무엇일까요? 아는 것이 있으면 이야기해 보세요.
What do you think is the most popular leisure activity for koreans?

● 다음 글을 읽고 여러분 나라 사람의 취미 생활과 한국인의 취미 생활을 비교해 보세요.
Read the following passage and compare the types of leisure activities people enjoy in Korea and in the country where you are from.

Due to the desire to improve the quality of life and changes in working conditions such as the fact people no longer work on Saturday, leisure activities of Korean people have been gradually diversified. In a study conducted recently, it was found that 'climbing' is the favorite leisure activity of most Koreans. Respectively, activities such as 'reading', 'listening to music', 'computer game', 'sports/working out', 'internet/surfing computers', and 'fishing' were also turned out to be what many Koreans enjoy. Interestingly, gender and age differences were observed as 'climbing' was ranked the highest by men in their 40's. Both men and women around the ages turned out to be favoring leisure activities to do with nature such as 'climbing', 'fishing' and 'travelling'. By contrast, young generation, in general, favor activities that has to do with computers and music which shows the fast-changing trends. Until some years ago, such activities were relatively new but the fact that they now compete for higher rankings with activities such as 'climbing' and 'reading' makes us to feel the fast-flow of time.

Speaking_말하기

1 친구들이 무엇을 좋아하고 무엇을 싫어하는지 알아보세요.

Find out which activities your classmate likes and dislikes.

● 옆 친구에게 어떤 활동을 좋아하고, 어떤 활동을 싫어하는지
물어 보세요. 그리고 또 좋아하는 활동을 얼마나 자주 하는
지 물어 보세요.

Ask a classmate whether s/he likes or dislikes the following activities. Also,
ask how often s/he does the activities that s/he likes.

활동	좋아해요?	자주/가끔	얼마나 자주
등산	○	자주	1주일, 1번
운동			
컴퓨터 게임			
춤			
여행			

● 위에서 조사한 내용을 친구들에게 이야기해 주세요.

Tell the class about what you have found out regarding your classmate's
hobby.

2 친구의 취미에 대해 자세히 알아보세요.

Ask a classmate about his/her hobbies.

● 친구의 취미를 알아보기 위해 어떤 질문을 할 수 있어요?
친구에게 할 질문을 생각해 보세요.

To find out about your classmate's hobbies, what kind of questions can you
ask?

● 친구의 취미를 물어 본 후 다음 표를 채워 보세요.
Complete the following table about a classmate's hobby.

무슨 취미?	
얼마나 자주?	
언제?	
어디에서?	
누구하고?	

📖 **Reading**_읽기

1 다음은 어떤 취미 활동 동호회 회원 모집을 알리는 글입니
다. 잘 읽고 질문에 대답하세요.

Below is an announcement recruiting new members to a club.
Read it carefully and answer the questions that follow.

⚽ **안암 축구회 회원 모집** ⚽

축구를 좋아하는 사람은 모두 환영합니다.

매주 토요일 아침 6시부터 8시까지 축구를 합니다.

축구도 하고 친구도 사귀세요.

* (㉠) : 안암 초등 학교 운동장

* 연락처 : 김한국 (334-3276)

안암 축구회

1) ㉠에 들어갈 알맞은 말을 고르세요.

Choose the word that would go in the blank (㉠).

❶ 시간　　❷ 장소　　❸ 가격　　❹ 전화 번호

2) 읽은 내용과 같으면 ○, 다르면 × 에 표시하세요.

Based on what you have just read, mark the following statemants as either ○
or ×.

(1) 축구 경기를 소개해요.　　　　　　　　○　×

(2) 안암 축구회는 일주일에 한 번 축구를 해요.　○　×

(3) 축구를 잘하는 사람만 들어갈 수 있어요.　　○　×

✐ Writing_쓰기

1 여러분의 취미를 소개하는 글을 써 보세요.
Write about your hobby.

● 여러분은 어떤 취미를 갖고 있습니까? 그것을 얼마나 자주
합니까? 그리고 어디에서 누구와 함께 합니까? 그 취미의 장
점은 무엇입니까? 간단히 메모해 보세요.
What is your hobby? How often do you do it, where and with whom? What are
the good points of your hobby?

(1) 취미 :

(2) 얼마나 자주 :

(3) 어디에서 :

(4) 누구와 :

(5) 좋은 점 good points :

● 메모한 내용을 바탕으로 여러분의 취미를 소개하는 글을 써
보세요.
Using the notes that you wrote above, write about your hobby.

● 여러분의 취미를 친구들에게 소개해 보세요.
Tell your classmates about your hobby.

자기 평가 ✐
Self-Check

● 취미에 대해 묻고 대답할 수 있습니까?
Are you able to ask and answer about the hobbies?

Excellent ●━━●━━●━━●━━● Poor

● 동호회 회원을 모집하는 간단한 안내문을 이해할 수 있습니까?
Are you able to understand a simple advertisement seeking new members
for club activities?

Excellent ●━━●━━●━━●━━● Poor

● 취미를 소개하는 글을 읽고 쓸 수 있습니까?
Are you able to read and write a text introducing hobbies?

Excellent ●━━●━━●━━●━━● Poor

1 –는 것

–는 것 is attached to a verb stem, and it changes that verb into a noun in '-ing' form. Such an '-ing' noun can function as a subject or an object in a sentence.

(1) 음악 듣는 것을 좋아해요. I like listening to music.

(2) 저는 친구들하고 이야기하는 것을 좋아해요.

(3) 한국어를 공부하는 것이 재미있어요.

(4) 제 취미는 우표를 모으는 것이에요.

(5) _____이 어려워요.

(6) _____을 싫어해요.

2 못

못 is used in front of a verb and it means that someone cannot do the action due to the lack of the ability or the opportunity to do the action.

(1) 가 : 수영을 할 수 있어요? Can you swim?

　　나 : 아니요, 못 해요. No, I can't.

(2) 피아노를 못 쳐요.

(3) 다리가 아파서 산에 못 가요.

(4) 아침을 못 먹었어요.

(5) 약속이 있어서 _____.

(6) 돈이 없어서 _____.

> • New Vocabulary
>
> 피아노를 치다 to play the piano

3 –보다

This particle is used to compare two things. 'A가 B보다 ~' means 'A is more ~ than B'. Depending on the speaker's extra emphasis and nuance, sometimes 'A가 B보다 ~' is used and sometimes 'B보다 A가 ~' is used.

(1) 어제보다 오늘이 더 따뜻해요. Today is warmer than yesterday.

(2) 동생이 나보다 키가 커요.

(3) 운동을 하는 것보다 보는 것을 더 좋아해요.

(4) 한국어를 듣는 것이 읽는 것보다 더 어려워요.

(5) 내가 친구보다 _____.

(6) 백화점이 _____ 물건값이 더 비싸요.

> • New Vocabulary
>
> 동생 younger sibling
>
> 키가 크다 to be tall

4 -에

This particle is attached to a noun which describes time or interval, and it is used to indicate how often one does something.

(1) 일주일에 한 번 극장에 가요. I go to the movie theater once a week.

(2) 여섯 시간에 한 번 약을 먹어요.

(3) 하루에 두 번 커피를 마셔요.

(4) 1년에 두 번쯤 여행을 가요.

(5) 1년에 두 번 _____.

(6) _____ 부모님에게 전화를 해요.

New Vocabulary

약 medicine

부모님 parents

제13과 가족
Family

Goals

You will be able to talk about family and introduce family members.

Topic	Family
Function	Introducing family members
	Asking and answering questions using correct honorific forms
Activity	Listening : Listen to a conversation about one's family
	Speaking : Ask friends about their families
	Reading : Read a passage about someone's family
	Writing : Write a passage to introduce members of your family
Vocabulary	Family, Honorific words
Grammar	−(으)시−, honorific particles, honorific words, −께서, −께서는, −의, −께
Pronunciation	Vowel ㅢ
Culture	Kinship terms

제13과 가족 Family

1. 무슨 사진이에요? 가족이 몇 명이에요? 누가 있어요?

   What kind of picture is this? How many members are in this family? Who are they?

2. 여러분은 가족이 몇 명이에요? 누구누구예요?

   How many members are in your family? Who are they?

1

영호 : 린다 씨는 가족이 몇 명이에요?

린다 : 부모님하고 저, 모두 세 명이에요.

영호 : 형제가 없어요?

린다 : 네, 없어요. 영호 씨는 가족이 어떻게 돼요?

영호 : 할머니하고 부모님, 여동생 둘, 그리고 저까지 모
　　　두 여섯 명이에요.

> **New Vocabulary**
>
> 가족 family
> 형제 siblings
> 할머니 grandmother
> 여동생 younger sister

2

석　호 : 마이클 씨 부모님께서는 지금 어디에 계세요?

마이클 : 미국에 계세요. 석호 씨는 부모님하고 함께 살지요?

석　호 : 아니요, 저희 부모님께서는 부산에서 사세요.

마이클 : 아버지께서는 무슨 일을 하세요?

식　오 : 회사에 나니세요.

> **New Vocabulary**
>
> 지희 our(humble)
> 함께 together

3

우리 가족을 소개하겠습니다. 우리 가족은 할아버지하고 부
모님, 형, 그리고 저까지 모두 다섯 명이에요. 할머니께서는
오 년 전에 돌아가셨어요. 아버지께서는 은행에 다니시고, 어
머니께서는 주부세요. 형은 지금 대학생이에요. 우리 가족은
지금 대전에 살아요.

> **New Vocabulary**
>
> 힐아버지 grandfather
> 소개하다 to introduce
> 돌아가시다
> to pass away(honorific)
> 주부 housewife

10 〈보기〉와 같이 이야기해 보세요.
주어에 맞게 '-(으)세요' 와 '-아/어/여요'를 선택하세요.

Following the example, choose -(으)세요 or -아/어/여요 depending on the subject of a sentence.

> **보기**
>
> 부모님, 형,
> 여동생, 나 /
> 부모님-부산 /
> 아버지-회사원
>
> 가 : 가족이 어떻게 되세요?
> How many members are in your family?
>
> 나 : 부모님, 형, 여동생, 저, 모두 다섯 명
> 이에요.
> My parents, an older brother, a younger
> sister, and me, altogether there are 5 of us.
>
> 가 : 부모님은 지금 어디에 사세요?
> Where do your parents live now?
>
> 나 : 부산에 사세요.
> They live in *Busan*.
>
> 가 : 아버지는 무슨 일을 하세요?
> What kind of work does your father do?
>
> 나 : 회사원이세요.
> He is a company employee.

New Vocabulary

대구 *Daegu*(city)
은행원 bank employee
춘천 *Chuncheon*(city)
경찰(관) policeman
광주 *Gwangju*(city)
공무원
government employee
인천 *Incheon*(city)
교수 professor
전주 *Jeonju*(city)

❶ 할머니, 부모님, 여동생, 나 / 할머니-대구 / 여동생-은행원

❷ 할아버지, 부모님, 나 / 할아버지-춘천 / 어머니-의사

❸ 아버지, 어머니, 오빠, 나 / 오빠-인천 / 오빠-교수

❹ 부모님, 형, 나 / 형-전주 / 형-회사원

11 〈보기〉와 같이 이야기해 보세요.

> **보기**
>
> 부모님, 언제
> 결혼하다 /
> 20년 전
>
> 가 : 부모님은 언제 결혼하셨어요?
> When did your parents marry?
>
> 나 : 이십 년 전에 결혼하셨어요.
> They married 20 years ago.

New Vocabulary

결혼하다 to marry
죽다 to die
다녀오다 to drop in
대학 university
한국어학 Korean linguistics

❶ 할아버지, 전에 무슨 일을 하다 / 은행에 다니다

❷ 할머니, 언제 죽다 / 작년

❸ 어머니, 어디 가다 / 시장

❹ 사장님, 어디 다녀오다 / 중국

❺ 김 선생님, 대학에서 무슨 공부를 하다 / 한국어학

12 〈보기〉와 같이 이야기해 보세요.

> **보기**
>
> 언제 결혼하다 /
> 4월
>
> 가 : 언제 결혼하실 거예요?
> When will you get married?
>
> 나 : 사월에 결혼할 거예요.
> I will get married in April.

❶ 졸업 후에 어디에 취직하다 / 은행

❷ 언제 미국에 돌아가다 / 다음 달

❸ 대학에서 무슨 공부를 하다 / 경제학

❹ 어디로 이사하다 / 직장 근처

❺ 언제까지 회사에 다니다 / 내년

❻ 은퇴 후에 어디에서 살다 / 고향

Language Tip

In the case that the subject of the question is the person answering the question, -(으)세요, -(으)셨어요 and -(으)실 거예요 are used to show respect to the person answering.

New Vocabulary

취직하다 to get a job
경제학 economics
이사하다 to move
직장 one's work place
은퇴 retirement
후 after
고향 hometown

13 〈보기〉와 같이 이야기해 보세요.

> **보기**
>
> 어느 회사에 다니다 /
> 삼성 전자
>
> 가 : 어느 회사에 다니세요?
> Where do you work?
>
> 나 : 삼성 전자에 다녀요.
> I work at Samsung Electronics.

❶ 가족이 어떻게 되다 / 아내, 아들 2, 딸 1

❷ 지금 무슨 일을 하다 / 은행원

❸ 할머니는 언제 죽다 / 2년 전

❹ 전에 어디에 살다 / 종로

❺ 언제부터 그 회사에서 일하다 / 10년 전부터

❻ 은퇴 후에 무슨 일을 하다 / 고향에 돌아가다

🎧 **Listening_듣기**

1 가족을 소개하는 내용입니다. 잘 듣고 맞는 그림을 고르세요.

Listen to the family introduction and choose the correct picture.

ⓐ　　　　ⓑ　　　　ⓒ

1) _____　　2) _____　　3) _____

2 두 사람이 대화하고 있습니다. 잘 듣고 질문에 대답하세요.

Listen to the dialogue and answer the questions.

1) 사토 씨는 아이가 몇 명이에요?
2) 사토 씨 가족은 지금 어디에서 살아요?
3) 사토 씨 부모님 중 어느 분이 돌아가셨어요?

3 다음은 린다 씨가 자신의 가족을 소개하는 내용입니다. 잘 듣고 맞으면 ○, 틀리면 ×에 표시하세요.

Listen to *Linda*'s talk about her family and mark the following statements as either ○ or ×.

1) 린다 씨는 부모님과 같이 살아요.　　○　×
2) 린다 씨의 어머니는 직장에 다니세요.　　○　×
3) 린다 씨는 결혼을 했어요.　　○　×

Speaking_말하기

1 친구의 가족에 대해 알아보세요.
Ask a classmate about his/her family.

● 친구의 가족에 대해 인터뷰를 하려고 합니다. 어떤 질문들을
할 수 있을까요? 미리 질문할 내용을 준비해 보세요.
You will interview a classmate about his/her family. Think about the questions
you can ask.

> • 가족 수 :
> --
> • 누구누구 :
> --
> • 사는 곳 :
> --
> • 직업, 취미, 외모 등 (job, interests/appearance, etc.):
> --
> --
> --
> --

● 준비한 질문으로 친구의 가족에 대해 인터뷰해 보세요.
Using the questions you have prepared, interview a classmate about his/her
family.

 **문화** 가족 호칭 Kinship terms

● 여러분 나라에서는 형제나 자매를 부를 때 어떻게 부릅니까? 이름 말고 형제나 자매를 부르는 호칭이 있습니까?
How do you address your siblings? Are there any terms you use to address your siblings other than their name?

● 한국 사람들은 형제나 자매를 어떻게 부를까요? 들어본 적이 있습니까?
Do you know how Koreans address their siblings? Have you ever heard of them?

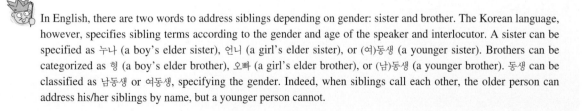 In English, there are two words to address siblings depending on gender: sister and brother. The Korean language, however, specifies sibling terms according to the gender and age of the speaker and interlocutor. A sister can be specified as 누나 (a boy's elder sister), 언니 (a girl's elder sister), or (여)동생 (a younger sister). Brothers can be categorized as 형 (a boy's elder brother), 오빠 (a girl's elder brother), or (남)동생 (a younger brother). 동생 can be classified as 남동생 or 여동생, specifying the gender. Indeed, when siblings call each other, the older person can address his/her siblings by name, but a younger person cannot.

📖 Reading_읽기

1 가족을 소개한 글을 읽어 봅시다.

Let's read a passage introducing a family.

● 가족을 소개한 글에는 어떤 내용이 있을까요?

What kind of information could be included in the passage which introduces a family?

● 다음 가족 소개 글을 읽고 질문에 대답하세요.

Read the following passage and answer the questions.

> 우리 가족은 할아버지, 아버지, 어머니, 누나, 저, 모두 다섯 명이에요. 할머니는 돌아가셨어요. 할아버지께서는 연세가 ㉠많지만 아주 건강하세요. 지금 할아버지와 부모님께서는 고향 제주도에 계시고, 누나와 저는 서울에서 살고 있어요. 아버지께서는 공무원이시고, 어머니께서는 중학교에서 영어를 가르치세요. 누나는 3년 전에 대학을 졸업하고 회사에 다녀요.

(1) 이 사람은 형제가 몇 명이에요?

(2) 이 사람의 부모님은 무슨 일을 하세요?

(3) 이 사람의 가족은 함께 살아요?

(4) ㉠이 무슨 뜻인지 추측해 보세요.

　　Try to guess the meaning of ㉠.

• New Vocabulary

중학교 middle school

영어 English

✏️ Writing_쓰기

1 여러분의 가족을 소개하는 글을 써 보세요.

Write about your family.

● 여러분 가족의 이름, 직업, 특징 등을 메모해 보세요.

Briefly write each family member's name, their jobs, and some special characteristics of them.

● 위의 메모를 바탕으로 여러분 가족을 소개하는 글을 써 보세요.

Write a passage introducing your family, based on the memo you wrote above.

● 여러분의 가족을 소개한 글을 가족 사진을 보여 주며 발표해 보세요.

Showing a picture of your family, make a presentation on the introduction you wrote about your family.

자기 평가 ✏️　　　　　　　　　　　　　　　　Self-Check

● 가족을 소개할 수 있습니까? Are you able to introduce your family?	Excellent ●———●———● Poor
● 경어법을 사용해 가족에 대해 묻고 대답할 수 있습니까? Are you able to ask and answer about family members using honorific expressions?	Excellent ●———●———● Poor
● 가족을 소개하는 글을 읽고 쓸 수 있습니까? Are you able to read and write a passage introducing one's family?	Excellent ●———●———● Poor

1 -(으)시-

● -(으)시- is a special honorific form, and it is inserted into the predicate (verb or adjective) to show respect for the subject of the sentence. It is used to show respect (1) when the subject of the sentence is older or holds higher social status than the speaker and (2) when the interlocutors are not well acquainted with each other.

● -(으)시- is attached to either a verb stem or an adjective stem and it precedes the tense marker. For present tense, -(으)세요 is used; for past tense, -(으)셨어요 is used; and for future tense, -(으)실 거예요 is used.

	어간 Stem	-(으)시-	종결 어미 Ending	
현 재 Present	가	시	어요	가시어요 → 가셔요, 가세요*
	읽	으시		읽으시어요 → 읽으셔요, 읽으세요*
과 거 Past	가	시	었어요	가시었어요 → 가셨어요
	읽	으시		읽으시었어요 →읽으셨어요
미 래 Future	가	시	ㄹ 거예요	가실 거예요
	읽	으시		읽으실 거예요

* In the past, -(으)셔요 was used more frequently. However, -(으)셔요 is rarely being used these days and -(으)세요 is mostly used.

(1) 뭐 하세요? What are you doing?

(2) 기분이 좋으세요?

(3) 우리 아버지는 공무원이세요.

(4) 사장님은 나가셨어요.

(5) 어디에서 오셨어요?

(6) 내일 뭐 하실 거예요?

(7) 우리 어머니는 오늘 _____.

(8) 우리 할머니는 어제 _____.

(9) 내일 저녁에 부모님이 _____.

(10) 아버지는 지금 _____.

2 경어 어휘 Honorific words

● For some verbs and adjectives, -(으)시- is not inserted because there exist separate honorific words that already include -(으)시-.

있다 → 계시다 to be (at a place)	먹다 → 드시다 / 잡수시다 to eat
말하다 → 말씀하시다 to speak	자다 → 주무시다 to sleep
아프다 → 편찮으시다 to be sick	죽다 → 돌아가시다 to die

아버지가 불고기를 드세요. My father eats 불고기.
선생님이 학교에 계세요. My teacher is at school.
할머니가 방에서 주무세요. My grandmother sleeps in her room.

● In addition to those verbs and adjectives listed above, certain nouns also have honorific counterparts.

집 → 댁 house	말 → 말씀 speech
이름 → 성함 name	나이 → 연세 age
생일 → 생신 birthday	(한) 명 → (한) 분 (one) person
(이) 사람 → (이) 분 (this) person	누구/누가 → 어느 분/어느 분이 who
아내 → 부인 wife	

(1) 부모님은 지금 고향에 계세요. My parents are at our hometown now.
(2) 많이 드세요.
(3) 내일이 어머니 생신이에요.
(4) 어제 몇 시에 주무셨어요?
(5) 김 선생님, 먼저 _____. 저는 다음에 이야기할게요.
(6) 오늘 오후에 할머니 _____ 에 갈 거예요.
(7) 할아버지께서 3년 전에 _____.
(8) 가 : _____ 어떻게 되세요?
　　나 : 김민호입니다.

● New Vocabulary

먼저 first

3 −께서, −께서는, −께

Just as -(으)시- is used to show respect for the subject of the sentence, certain particles have honorific counterparts.

- -께서

  -께서 replaces -이/가 to show respect for the subject of the sentence. If such an honorific particle -께서 is used, -(으)시- should be inserted or other honorific words should be used in the predicate. However, in colloquial conversations, the particle -이/가 can be used with -(으)셨어요.

  아버지께서 오셨어요. My father came.

  아버지가 오셨어요. My father came.

- -께서는

  -께서는 replaces -은/는 to show respect for the subject of the sentence. If such an honorific particle -께서는 is used, -(으)시- should be inserted or other honorific words should be used in the predicate.

  할아버지께서는 돌아가셨어요. My grandfather passed away.

  사장님께서는 퇴근하셨어요. The company president finished his work and left.

- -께

  In sentences with -한테 or -에게, if that person holds higher status than the subject of the sentence, -께 replaces -한테 or -에게 to show respect for that person. In addition, the verb is also replaced; for example, 드리다 replaces 주다, and 말씀 드리다 replaces 말하다.

  부모님께 선물을 드렸어요. I gave my parents a present.

  선생님께 말씀드렸어요. I spoke to my teacher.

(1) 할아버지께서 가셨어요. My grandfather left.

(2) 조금 전에 이 선생님께서 말씀하셨어요.

(3) 아버지께서는 어디 계세요?

(4) 선생님께서는 언제부터 한국말을 가르치셨어요?

(5) 선생님께 누가 말씀드릴 거예요?

(6) _____ 회의에 가실 거예요?

(7) _____ 방에서 텔레비전을 보세요.

(8) 제가 _____ 말씀드렸어요.

> **New Vocabulary**
>
> 선물 present

> **New Vocabulary**
>
> 회의 meeting

4 −의

This particle is attached to a noun to indicate possession. That is, 'A의 B' means that 'A owns B' or 'B belongs to A.' However, in daily conversations, this 의 is usually omitted. In addition, when one refers to one's family, school, or country where he belongs or the members of the group, 우리 should be used instead of 내 as in 우리 아버지 (meaning 'my father').

수미의 집 수미's house

우리의 학교 our school

(1) 이것은 진영 씨의 가방이에요.   This is 진영's bag.

(2) 이것은 선생님의 옷이에요.

(3) 우리 가족 사진이에요.

(4) 그것은 내 우산이에요.

(5) _____ 토머스 제이스예요.

(6) 오늘은 _____ 생일이에요.

제14과 우체국·은행
Post office·Bank

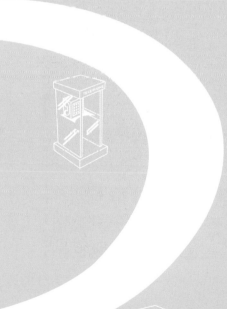

Goals

You will be able to carry out simple transactions such as sending a letter at a post office and exchanging money at a bank.

Topic	Post office·Bank
Function	Speaking at public places in an appropriate manner
	Sending a letter and/or a package at a post office
	Exchanging money and opening an account at a bank
Activity	Listening : Listen to a conversation at a post office and a bank
	Speaking : Send a letter or package at a post office, Open an account and exchange money at a bank
	Reading : Read an address on an envelope
	Writing : Write an address on an envelope
Vocabulary	Things to do at the post office/the bank, Words related to the post office/the bank, Periods of time
Grammar	-ㅂ니다/습니다, -ㅂ니까/습니까, -(으)십시오, -(으)ㅂ시다
Pronunciation	Nasalization
Culture	Methods of self-identification

제14과 우체국 · 은행 Post office · Bank

1. 여기는 어디입니까? 이 사람들은 지금 무슨 말을 하고 있을까요?
   Where is this place? What might these people be talking about?

2. 여러분은 우체국에 무엇을 하러 갑니까? 은행에서는 무엇을 합니까?
   On what occasion do you go to the post office? In addition, what do you usually do at the bank?

Dialogue & Story

1

직원 : 어떻게 오셨습니까?

손님 : 편지를 보내려고 합니다.

직원 : 어디로 보내실 겁니까?

손님 : 영국으로 보낼 겁니다.

직원 : 여기에 올려놓으십시오. 사천칠백 원입니다.

손님 : 영국까지 얼마나 걸립니까?

직원 : 아마 일주일쯤 걸릴 겁니다.

New Vocabulary

어떻게 오셨습니까?
What brings you here?

올려놓다 to put (a thing) on

2

지원 : 뭐 하신 겁니까?

손님 : 환전을 하려고 해요.

직원 : 뭘로 바꾸시겠습니까?

손님 : 원으로 바꿔 주십시오.
그리고 통장을 만들고 싶습니다.

직원 : 이 신청서를 쓰고 여기에 서명하십시오.
그리고 여권을 보여 주십시오.

손님 : 네, 알겠습니다.

New Vocabulary

환전 exchange of money

바꾸다 to change (something)

통장 bankbook

신청서 application form

서명 signature

여권 passport

알겠습니다. I see.

3

저는 오늘 한국에 와서 처음 은행에 갔습니다. 먼저 달러를 원으로 바꿨습니다. 그리고 통장을 만들었습니다. 신청서에 이름과 주소, 비밀 번호를 쓰고 서명을 했습니다. 현금 카드도 만들었습니다.

New Vocabulary

달러 dollar

주소 address

비밀 번호 PIN code

현금 카드 debit card

7 〈보기〉와 같이 이야기해 보세요.

> **보기**
>
> **편지를 보내다 /**
> **우표를 붙이다**
>
> 가 : 편지를 보내고 싶습니다.
> I want to send this letter.
>
> 나 : 우표를 붙이십시오.
> Please put a stamp on it.

❶ 편지를 보내다 / 우편 번호를 쓰다

❷ 편지를 보내다 / 편지를 이 위에 올려놓다

❸ 소포를 보내다 / 저울 위에 올려놓다

❹ 소포를 보내다 / 보내는 사람의 주소를 쓰다

8 〈보기〉와 같이 이야기해 보세요.

> **보기**
>
> **내일 만나요.**
>
> 가 : 내일 만납시다.
> Let's meet tomorrow.
>
> 나 : 네, 좋습니다.
> Yes, sounds good.

❶ 좀 더 기다려요. **❷** 진우에게 선물을 보내요.

❸ 도서관에서 공부해요. **❹** 저기에 앉아요.

❺ 소포를 보내요. **❻** 이 책을 읽어요.

기간 Periods of Time

하루	one day
이틀	two days
사흘	three days
나흘	four days
닷새	five days
엿새	six days
이레	seven days
여드레	eight days
아흐레	nine days
열흘	ten days
일주일	a week
보름	15 days

9 〈보기〉와 같이 이야기해 보세요.

> **보기**
>
>
>
> **영국 / 일주일**
>
> 가 : 영국까지 얼마나 걸립니까?
> How long will it take to get to England?
>
> 나 : 일주일쯤 걸릴 겁니다.
> It will take about one week.

Language Tip

Words referring to 4 or more days are usually expressed as 사일, 오일, 육일, 칠일, 팔일, 구일. However, a period of 10 days is called 열흘, a period of 15 days 보름, and a period of 7 days is referred to as 일주일.

❶ 서울 / 하루 **❷** 부산 / 이틀 **❸** 호주 / 일주일

❹ 중국 / 5일 **❺** 태국 / 일주일 **❻** 브라질 / 열흘

10 〈보기〉와 같이 이야기해 보세요.

가 : 어떻게 오셨습니까?
How can I help you?

나 : 편지를 보내려고 합니다.
I'm trying to send a letter.

가 : 어디로 보내실 겁니까?
Where do you want to send it?

나 : 중국으로 보낼 겁니다.
I want to send it to China.

가 : 이 위에 올려놓으십시오.
천삼백 원입니다.
Please place the letter on top of this.
That's 1,300 won.

나 : 중국까지 얼마나 걸립니까?
How long will it take to get to China?

가 : 사흘쯤 걸립니다.
It will take about 3 days.

편지 / 중국 /
1,300원 / 사흘

❶ 편지 / 프랑스 / 2,700원 / 일주일

❷ 엽서 / 일본 / 1,600원 / 닷새

❸ 소포 / 경주 / 3,400원 / 이틀

11 〈보기〉와 같이 이야기해 보세요.

가 : 어떻게 오셨습니까?
How can I help you?

나 : 환전을 하고 싶습니다.
I want to exchange some money.

가 : 뭘로 바꾸시겠습니까?
What currency will you change?

나 : 달러를 원으로 바꿔 주십시오.
Please change my dollars into won.

달러 ➡ 원

New Vocabulary

엔	yen
위안	yuan
유로	euro
여행자 수표	traveler's check

❶ 엔 ➡ 원   ❷ 위안 ➡ 원   ❸ 호주 달러 ➡ 원

❹ 유로 ➡ 원   ❺ 여행자 수표 ➡ 원   ❻ 원 ➡ 달러

12 〈보기〉와 같이 이야기해 보세요.

통장을 만들다 /
신청서를 쓰고
서명하다,
신분증을 주다

가 : 어서 오십시오. 뭘 하실 겁니까?
Welcome. What would you like to do?

나 : 통장을 만들려고 합니다.
I want to open an account.

가 : 신청서를 쓰고 서명하십시오.
그리고 신분증을 주십시오.
Please complete the application form and
sign it. And please give me your ID card.

나 : 네, 알겠습니다.
All right.

❶ 인터넷 뱅킹을 신청하다 / 통장을 주다, 신분증을 주다

❷ 돈을 찾다 / 신청서를 쓰고 서명하다, 통장을 주다

❸ 돈을 보내다 / 신청서를 쓰고 서명하다, 돈을 주다

❹ 현금 카드를 만들다 / 신청서를 쓰고 도장을 찍다, 통장과
신분증을 주다

문화   한국의 신분 확인 수단 Methods of self-identification

● 여러분 나라에서는 무엇을 보고 그 사람의 신분을 확인합니까? 그리고 한국에서는 어떻게 하는지 알고 있습니까?
How do people identify a person in your country? Do you know how to do it in Korea?

● 다음을 본 적이 있습니까? 무엇인지 알고 있습니까?
Have you ever seen the following things? Do you know what these are?

registration card   personal stamp   employer seal   personal signature

Every Korean who is older than 18 has a registration card. It is used to identify that s/he is a resident of Korea when required. Passports, student cards, and driver's licenses can also be used for identification. Koreans use stamps to confirm the identity of the person who fills out a document such as applications, contracts, and certificates, but nowadays signatures are also used.

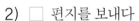

🎧 Listening_듣기

1 이 사람은 지금 무엇을 하려고 해요? 잘 듣고 맞는 것을 고르세요.

What is this person about to do? Listen carefully and choose the correct answer.

1) ☐ 편지를 보내다   ☐ 소포를 보내다
2) ☐ 편지를 보내다   ☐ 소포를 보내다
3) ☐ 통장을 만들다   ☐ 돈을 찾다
4) ☐ 돈을 바꾸다   ☐ 통장을 만들다

2 이 사람은 뭘 만들려고 해요? 잘 듣고 맞는 것을 고르세요.

What is this person about to make? Listen carefully and choose the correct answer.

3 다음 대화를 잘 듣고 질문에 대답하세요.

Listen to the dialogue and answer the questions.

1) 이 사람은 무엇을 보냅니까?
2) 이 사람은 무엇을 해야 합니까?
   ❶ 우표를 붙여야 합니다.   ❷ 주소를 써야 합니다.

🎤 Speaking_말하기

1 여러분은 다음과 같은 일을 하러 우체국과 은행에 갔습니다. 다음의 상황에서 '-ㅂ니다/습니다' 형태를 사용해서 이야기해 보세요.

Imagine that you are at a post office or a bank. Conduct your business using the -습니다 form.

● 다음의 상황에서 어떻게 이야기해야 할지 생각해 보세요.

Think about what you would say in the following situations.

1) 프랑스에 있는 친구에게 편지를 보내려고 합니다.

2) 캐나다에 있는 친구에게 소포를 보내려고 합니다.

3) 은행에서 달러를 원으로 바꾸려고 합니다.

4) 은행에서 통장을 만들려고 합니다.

● 각 상황에서 직원과 손님이 되어 이야기해 보세요.

In each given situation, play the role of customer or clerk and create a dialogue.

📖 Reading_읽기

1 여러분은 다음과 같이 쓰인 편지를 한 통 받았습니다.
잘 보고 질문에 대답하세요.

Look at the envelope and answer the questions.

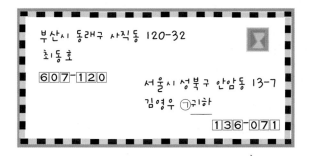

부산시 동래구 사직동 120-32
최동호
607-120

서울시 성북구 안암동 13-7
김영우 ㉠귀하
136-071

1) 누가 누구에게 보냈습니까? Who sent this letter to whom?
2) ㉠ '귀하' 는 언제 쓰는 말입니까? When is the word ㉠'귀하' used?

✏️ Writing_쓰기

1 다음 자료를 이용해 위와 같이 한국의 선생님에게 보내는 편지 봉투를 써 보세요.

Using the information below, address an envelope to your teacher.

받는 사람 : 박수정 선생님
주   소 : 서울시 종로구 연지동 15-72
우편 번호 : 100-105

자기 평가 ✏️	Self-Check
● 우체국을 이용할 수 있습니까? Are you able to use the post office?	Excellent ●—●—●—● Poor
● 은행을 이용할 수 있습니까? Are you able to use the bank?	Excellent ●—●—●—● Poor
● 편지 봉투를 읽고 쓸 수 있습니까? Are you able to read and write an envelope?	Excellent ●—●—●—● Poor

❖ **격식체 표현** Formal expressions

In Korean, different language style is used in formal situations and in informal situations. The main difference comes from the type of sentence endings.

Those forms that we have learned thus far (such as -아/어/여요, -(으)세요, -(으)ㄹ게요, -(으)ㄹ까요, -(으)ㄹ래요) are the ones that are being used in informal situations.

However, there is another set of sentence endings which are used for public, formal, and work-related situations such as meetings, presentations, and speeches. No matter how close the speaker and the listener may be, these formal forms must be used in the public and formal situations as mentioned above.

1 -ㅂ니다/습니다, -ㅂ니까/습니까

- -ㅂ니다/습니다 is the formal counterpart to statement ending -아/어/여요 and -ㅂ니까/습니까 is the formal counterpart to question ending -아/어/여요. Both -ㅂ니다/습니다 and -ㅂ니까/습니까 are more polite expressions than -아/어/여요.

- This takes two forms depending on the last letter of the stem.
  a. If the stem ends in a vowel or the consonant ㄹ, -ㅂ니다 and -ㅂ니까 is used.
  b. If the stem ends in a consonant other than ㄹ, -습니다 and -습니까 is used.

	어간 Stem	높임 Honorification	시제 Tense	종결어미 Ending	완성형 Complete form
가다	가			ㅂ니다 / ㅂ니까	갑니다 / 갑니까
	가	시		ㅂ니다 / ㅂ니까	가십니다 / 가십니까
	가		았	습니다 / 습니까	갔습니다 / 갔습니까
	가	시	었	습니다 / 습니까	가셨습니다 / 가셨습니까
	가		겠	습니다 / 습니까	가겠습니다 / 가겠습니까
읽다	읽			습니다 / 습니까	읽습니다 / 읽습니까
	읽	으시		ㅂ니다 / ㅂ니까	읽으십니다 / 읽으십니까
	읽		었	습니다 / 습니까	읽었습니다 / 읽었습니까
	읽	으시	었	습니다 / 습니까	읽으셨습니다 / 읽으셨습니까
	읽		겠	습니다 / 습니까	읽겠습니다 / 읽겠습니까

(1) 저는 회사에 다닙니다. I work at a company.

(2) 저는 책을 많이 읽습니다.

(3) 오늘 동생에게 편지를 보냈습니다.

(4) 여기에서 기다리겠습니다.

(5) 통장을 만들 겁니까?

(6) 어떻게 오셨습니까?

(7) 손님, _____?

(8) 도쿄까지 _____.

2 −(으)십시오

- −(으)십시오 is the command form, and therefore, it is only attached to verb stems, not to adjective stems. It is the formal counterpart to -(으)세요.

- This takes two forms depending on the last letter of the verb stem.
  a. If the verb stem ends in a vowel or the consonant ㄹ, -십시오 is used.
  b. If the verb stem ends in a consonant other than ㄹ, -으십시오 is used.

> 가다 ➡ 가십시오. Please go.
>
> 앉다 ➡ 앉으십시오. Please sit.

(1) 주소와 우편 번호를 쓰십시오. Please write the address and postal code.

(2) 현금 카드도 만드십시오.

(3) 책을 많이 읽으십시오.

(4) 자, 사진 찍겠습니다. 예쁘게 웃으십시오.

(5) 오늘부터 _____.

(6) 다음 주에 회의가 있습니다. _____.

New Vocabulary

자 Come on
예쁘게 nicely

3 −(으)ㅂ시다

- −(으)ㅂ시다 is the propositive form ("Let's ~"), and therefore, it is only attached to verb stems, not to adjective stems. -(으)ㅂ시다 is used in both formal and informal situations. However, in personal conversations, it is considered rude to use -(으)ㅂ시다 to an older person or someone of higher status.

여러분, 앞으로 열심히 공부합시다. Everybody, let's study hard from now on.

선생님, 이야기를 합시다. (×)

- This takes two forms depending on the last letter of the verb stem.
  - a. If the verb stem ends in a vowel or the consonant ㄹ, -ㅂ시다 is used.
  - b. If the verb stem ends in a consonant other than ㄹ, -읍시다 is used.

(1) 밥 먹으러 갑시다. Let's go to have lunch.

(2) 린다 씨에게 전화를 겁시다.

(3) 우리 모두 열심히 노력합시다.

(4) 다음에는 이 책을 읽읍시다.

(5) 벌써 열두 시입니다. _____.

(6) 날씨가 좋습니다. _____.

<table>
<tr><td colspan="2">● New Vocabulary</td></tr>
<tr><td>앞으로</td><td>from now on</td></tr>
<tr><td>열심히</td><td>hard</td></tr>
<tr><td>벌써</td><td>already</td></tr>
</table>

MEMO

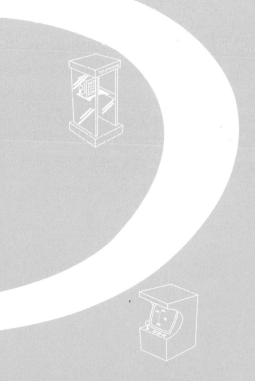

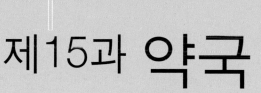

제15과 약국
Pharmacy

Goals

You will be able to describe your symptoms and buy medicine at a pharmacy.

Topic	Pharmacy
Function	Describing symptoms
	Understanding how to take medication
	Giving advice
Activity	Listening : Listen to a conversation at a pharmacy
	Speaking : Talk about common symptoms, describe symptoms & buy medicine at a pharmacy
	Reading : Read a prescription & a letter explaining the reason for someone's abscence
	Writing : Write about a time when you were sick
Vocabulary	Body, Symptoms
Grammar	-아/어/여도 되다, -(으)면 안 되다, -지 말다, -(으)ㄴ 후에, -기 전에
Pronunciation	ㅅ and ㅆ
Culture	Pharmacy

제15과 **약국** Pharmacy

1. 여기는 어디입니까? 이 사람은 어디가 아파서 왔을까요?

   Where is this? Specifically, why is the person here?

2. 여러분은 약국을 이용해 본 적이 있습니까? 어디가 어떻게 아팠습니까?

   Have you ever been to a pharmacy? Where and how were you sick?

1

약사 : 어떻게 오셨습니까?

손님 : 감기에 걸렸어요.

약사 : 어떻게 아프십니까?

손님 : 목이 아프고 기침을 해요.

약사 : 열도 납니까?

손님 : 아니요, 열은 안 나요.

약사 : 그럼 이 약을 드십시오.

       하루에 세 번, 식사 후에 드십시오.

New Vocabulary

약사 pharmacist

감기에 걸리다 to catch a cold

목 throat

기침을 하다 to cough

열이 나다 to have a fever

약 medicine

식사 meals

2

손님 : 소화가 안 되고 배가 아파요.

약사 : 뭘 드셨어요?

손님 : 어제 저녁에 돼지고기를 먹었어요.

약사 : 그럼 이 약을 드세요.

손님 : 밥을 먹어도 돼요?

약사 : 아니요, 오늘은 밥을 먹으면 안 돼요.

       오늘은 밥을 드시지 말고 죽을 드세요.

New Vocabulary

소화가 안 되다
to have indigestion

돼지고기 pork

죽 porridge

3

어제 밤부터 머리가 아프고 열이 났습니다. 기침도 심하고 몸살이 나서 오늘은 회사에 안 갔습니다. 아침에 일찍 약국에 가서 약을 샀습니다. 집에 와서 약을 먹고 푹 잤습니다. 과일도 많이 먹었습니다. 지금은 많이 좋아져서 내일은 회사에 가려고 합니다.

New Vocabulary

머리 head

기침 cough

심하다 to be severe

몸살이 나다
to have aches and pains

푹 completely

좋아지다 to get better

1 〈보기〉와 같이 이야기해 보세요.

보기	
가 : 어디가 아프세요?	What is wrong?
나 : 머리가 아파요.	My head hurts.

• 신체 Body

몸 body
머리 head
얼굴 face
눈 eye
코 nose
입 mouth
귀 ear
목 throat
가슴 chest
배 stomach
어깨 shoulder
팔 arm
손 hand
허리 waist
등 back
엉덩이 buttocks
다리 leg
발 foot

2 〈보기〉와 같이 이야기해 보세요.

보기	
감기에 걸렸다	가 : 어떻게 오셨습니까? How can I help you?
	나 : 감기에 걸렸어요. I caught a cold.

❶ 소화가 안 되다   ❷ 배탈이 났다

❸ 기침을 하다   ❹ 콧물이 나다

❺ 열이 나다   ❻ 설사를 하다

• 증상 Symptoms

감기에 걸리다 to catch a cold

열이 나다 to have a fever

기침을 하다 to cough

콧물이 나다
to have a runny nose

배탈이 나다
to have a stomachache

소화가 안 되다
to have indigestion

토하다 to vomit

설사하다 to have diarrhea

3 〈보기〉와 같이 이야기해 보세요.

> 보기
>
>
>
> **감기에 걸렸다 / 머리가 아프다, 열이 나다**
>
> 가 : 어떻게 오셨어요?
> What brings you here?
>
> 나 : 감기에 걸렸어요.
> I caught a cold.
>
> 가 : 어떻게 아프세요?
> What seems to be the problem?
>
> 나 : 머리가 아프고 열이 나요.
> My head hurts and I have a fever.

❶ 감기에 걸렸다 / 목이 아프다, 기침을 하다
❷ 감기에 걸렸다 / 기침을 하다, 콧물이 나다
❸ 배가 아프다 / 토하다, 설사를 하다
❹ 감기에 걸렸다 / 열이 나다, 목이 아프다
❺ 감기에 걸렸다 / 머리가 아프다, 콧물이 나다
❻ 배탈이 났다 / 배가 아프다, 설사를 하다

4 〈보기〉와 같이 이야기해 보세요.

> 보기
>
> **밥을 먹다**
>
> 가 : 밥을 먹어도 돼요?
> Is it okay if I have some food?
>
> 나 : 네, 밥을 먹어도 돼요.
> Yes, you can.

❶ 커피를 마시다   ❷ 돼지고기를 먹다
❸ 밖에 나가다   ❹ 샤워하다
❺ 운동하다   ❻ 아이스크림을 먹다

Language Tip

When 감기에 걸리다 and 배탈이 나다 are used to express a present state, they must take the past tense form, as in 감기에 걸렸어요 or 배탈이 났어요.

발음 Pronunciation

ㅅ and ㅆ

사다

싸다

When you pronounce ㅅ or ㅆ, you pronounce them by narrowing the space between the tongue and the alveolar ridge. However, you have to increase that space a little bit more for pronouncing ㅅ than for pronouncing ㅆ.

ㅅ   ㅆ

▶연습해 보세요.
(1) 사람, 우산
(2) 싸우다, 비싸다
(3) 가 : 안나 씨는 어느 나라
  사람이에요?
  나 : 러시아 사람이에요.
(4) 가 : 설사를 자주 해요.
  나 : 그럼, 하루 세 번 식사
  후에 이 약을 드세요.

New Vocabulary

아이스크림 ice cream

5 〈보기〉와 같이 이야기해 보세요.

> 보기
>
> **밥을 먹다**
>
> 가 : 밥을 먹어도 돼요?
> Is it okay if I have some food?
>
> 나 : 아니요, 밥을 먹으면 안 돼요.
> No, you must not eat any food.

• New Vocabulary

술 alcohol
고기 meat

❶ 커피를 마시다　　　❷ 술을 마시다

❸ 아이스크림을 먹다　　❹ 고기를 먹다

❺ 밖에 나가다　　　❻ 운동을 하다

6 〈보기〉와 같이 이야기해 보세요.

> 보기
>
> **밥을 먹다**
>
> 가 : 밥을 먹어도 돼요?
> Is it okay if I have some food?
>
> 나 : 안 돼요. 밥을 먹지 마세요.
> No, don't eat any food.

❶ 수영을 하다　　　❷ 밖에 나가다

❸ 커피를 마시다　　❹ 아이스크림을 먹다

❺ 운동을 하다　　　❻ 이 약을 먹다

7 〈보기〉와 같이 이야기해 보세요.

> 보기
>
> **운동을 하다 /
> 푹 쉬다**
>
> 가 : 운동을 해도 돼요?
> May I exercise?
>
> 나 : 운동하지 말고 푹 쉬세요.
> Take a rest instead.

• New Vocabulary

따뜻한 물 hot water

❶ 아이스크림을 먹다 / 따뜻한 물을 마시다

❷ 밥을 먹다 / 죽을 먹다

❸ 식사를 하다 / 따뜻한 물을 마시다

❹ 커피를 마시다 / 차를 마시다

❺ 문을 열다 / 창문을 열다

❻ 밖에 나가다 / 집에서 쉬다

8 〈보기〉와 같이 이야기해 보세요.

> **보기**
>
> 세 번, 식사 후
>
> 가 : 이 약을 어떻게 먹어야 돼요?
> How must I take this medicine?
>
> 나 : 하루에 세 번, 식사 후에 드세요.
> Take it three times a day after meals.

❶ 한 번, 아침   ❷ 두 번, 아침하고 저녁

❸ 세 번, 식사 전   ❹ 한 번, 저녁 식사 전

❺ 세 번, 식사 후   ❻ 한 번, 아침 식사 후

9 〈보기〉와 같이 이야기해 보세요.

> **보기**
>
>
>
> 감기에 걸렸다 / 밖에 나가다 / 집에서 푹 쉬다
>
> 가 : 감기에 걸렸어요.
> I caught a cold.
>
> 나 : 그럼 하루에 세 번 이 약을 드세요.
> Then take this medicine three times a day after meals.
>
> 가 : 밖에 나가도 돼요?
> Is it okay if I go outside?
>
> 나 : 아니요, 밖에 나가면 안 돼요.
> 밖에 나가지 말고 집에서 푹 쉬세요.
> No, you can't go outside. Stay home and rest instead.

❶ 감기에 걸렸다 / 수영을 하다 / 푹 쉬다

❷ 허리가 아프다 / 운동을 하다 / 집에서 푹 쉬다

❸ 소화가 안 되다 / 밥을 먹다 / 죽을 먹다

❹ 목이 아프다 / 아이스크림을 먹다 / 따뜻한 물을 많이 마시다

Listening_듣기

1 다음 대화를 잘 듣고 맞는 그림을 고르세요.

Listen to the dialogue and choose the correct picture.

1) _____   2) _____   3) _____

2 다음 대화를 잘 듣고 맞으면 ○, 틀리면 × 에 표시하세요.

Listen to the dialogue and mark the follwing statements as either ○ or × .

1) 두 사람은 학교 친구예요.   ○   ×
2) 남자는 오늘 배가 아파서 학교에 안 갔어요.   ○   ×
3) 남자는 오늘 저녁을 먹어도 돼요.   ○   ×
4) 남자는 내일 여자와 같이 병원에 갈 거예요.   ○   ×

3 다음 대화를 잘 듣고 맞는 그림을 고르세요.

Listen to the dialogue and choose the correct picture.

1) 이 사람은 어떻게 아픕니까? 모두 고르세요.

How is this person sick? Choose all the possible answers.

2) 약사는 환자에게 무엇을 하지 말라고 했습니까? 모두 고르
세요.

What did the pharmacist say not to do? Choose all the possible answers.

🎤 Speaking_말하기

1 우리 반 친구들은 어디가 자주 아플까요? 아프면 어떻게 할까요? 조사해 보세요.

How do your classmates usually get sick? When they are sick, what do they do? Take a survey.

● 위의 내용을 물어 볼 때 어떻게 질문해야 할까요?
What questions will you ask to get the information mentioned above?

● 반 친구들에게 조사해 보세요.
Take a survey of your classmates.

이름 Name	증상 Symptom	처방 Prescription/Advice
마이클	감기에 걸리다	병원에 가다

2 환자와 약사가 되어 이야기해 보세요.

Take the role of a pharmacist or a patient.

● 배가 아프거나 감기에 걸렸을 때 여러분에게는 보통 어떤 증세가 나타나요?
When you have a stomachache or a cold, what symptoms do you usually have?

● 다음 증세 중 여러분에게 잘 나타나는 증세 두 가지 이상을 골라 약사에게 어떻게 설명하면 좋을지 생각해 보세요.
From the symptoms shown below, choose at least two symptoms that you commonly get, then think about how you might explain these symptoms to a pharmacist.

A. ☐ 배가 아프다
☐ 배탈이 났다
☐ 소화가 안 되다
☐ 토하다
☐ 설사를 하다

B. ☐ 감기에 걸렸다
☐ 머리가 아프다
☐ 기침을 하다
☐ 열이 나다
☐ 콧물이 나다

● 옆 친구가 표시한 증세를 보고 여러분이 약사라면 어떤 처방을 하고 어떤 주의 사항을 줄지 생각해 보세요.

Look at the symptoms of the classmate next to you. Imagining that you are a pharmacist, think about what you would prescribe and what precautions you would advise them to take.

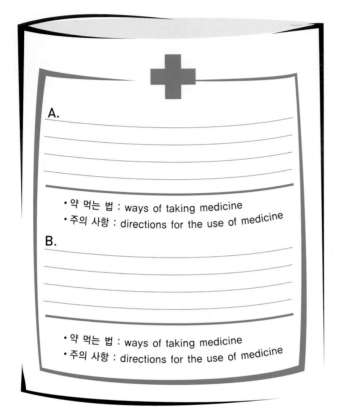

A.

　　　• 약 먹는 법 : ways of taking medicine
　　　• 주의 사항 : directions for the use of medicine

B.

　　　• 약 먹는 법 : ways of taking medicine
　　　• 주의 사항 : directions for the use of medicine

● 환자와 약사가 되어 이야기해 보세요.

Now have a conversation with a classmate as a pharmacist and a patient.

 **문화** **한국의 약국** Pharmacy

● 여러분 나라 사람들은 약국을 자주 이용하는 편입니까? 주로 언제 약국을 이용합니까?
How often do people go to a pharmacy in your country? When do you usually go to a pharmacy?

 When you feel sick in Korea, you need to go and see the doctor first. You then need to take the prescription written by the doctor to a pharmacy and they will fulfill the prescription. There is, however, some forms of medication (over the counter or OTC) that does not require a prescription from hospitals (indigestion tablets, pain killers, first-aid medicine, etc.) You can buy such medication easily because there are many pharmacies around.

📖 Reading_읽기

1 여러분의 구급약 통에는 다음과 같은 약이 들어 있습
니다. 설명서를 잘 읽고 맞으면 O, 틀리면 ×에 표시
하세요.

Imagine that you have a first-aid kit filled with the following items.
Read the directions, and then check o if the statement is correct
and check × if the statement is incorrect.

1)

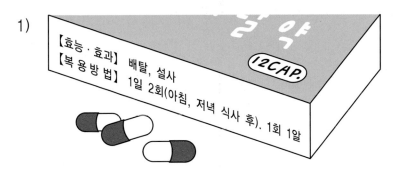

New Vocabulary

효능 effect

효과 efficacy

복용 방법
method of taking the
medication

(2)회 (2)times

(1)알 (1)pill

(1) 이 약은 배가 아플 때 먹는 약이에요.   O   ×

(2) 이 약은 하루에 두 번 먹어야 해요.   O   ×

2)

New Vocabulary

두통 headache

이른 adults

어린이 children

(1) 감기에 걸렸을 때 이 약을 먹으면 돼요.   O   ×

(2) 이 약은 하루에 한 번 먹어야 돼요.   O   ×

(3) 어린이는 한 번에 한 개를 먹어야 돼요.   O   ×

2 다음은 몸이 아파서 학교에 오지 못하는 학생이 친구를 통해 선생님에게 전달한 편지입니다. 잘 읽고 질문에 대답하세요.

Read the following letter written by a student explaining why s/he cannot make it to school and answer the questions.

> 선생님께
>
> 선생님, 죄송합니다. 오늘은 아파서 학교에 못 갑니다. 어제부터 머리가 아프고 열이 났습니다. 그리고 콧물도 많이 납니다. 어제 저녁에 약국에 가서 약을 사 먹었습니다. 그리고 잠도 많이 잤습니다. 그렇지만 아직도 많이 아픕니다. 그래서 오늘은 학교에 안 가고 집에서 쉬려고 합니다.
>
> 안녕히 계십시오.

1) 이 사람은 어떻게 아파요? 모두 고르세요.

2) 이 사람은 아파서 어떻게 했어요? 모두 고르세요.

✍ Writing_쓰기

1 여러분이 최근에 아팠던 경험을 써 보세요.
Write about a time when you were sick.

● 최근에 아팠던 경험에 대해 친구와 이야기해 보세요.
Talk with a classmate about an experience when you were sick and answer the following questions.

(1) 언제 아팠어요?

(2) 어디가 어떻게 아팠어요?

(3) 아파서 어떻게 했어요?

● 위에서 이야기한 내용을 바탕으로 여러분이 아팠던 경험을 글로 써 보세요.
Using the answers to the questions above, write about a time when you were sick.

자기 평가 ✏   Self-Check

● 증상을 설명할 수 있습니까?
Are you able to describe symptoms?

Excellent ●━━●━━●━━● Poor

● 약국을 이용할 수 있습니까?
Are you able to use the pharmacy?

Excellent ●━━●━━●━━● Poor

● 증상을 설명하는 글을 읽고 쓸 수 있습니까?
Are you able to read and write a paragraph describing symptoms?

Excellent ●━━●━━●━━● Poor

1 –아/어/여도 되다

- This is attached to a verb stem, and it is used to seek and give permission, as in "May I ~?" and "You may ~".

- This takes one of three forms.
    a. If the last vowel in the verb stem is ㅏ or ㅗ, -아도 되다 is used.
    b. If the last vowel in the verb stem is any vowel other than ㅏ and ㅗ, -어도 되다 is used.
    c. For 하다, 하여도 되다 is the correct form, but in ordinary use, 해도 되다 is more commonly used.

(1) 가 : 여기 앉아도 돼요? May I sit here?
  나 : 앉으세요. Please sit.

(2) 가 : 들어가도 돼요?
  나 : 안 돼요. 잠시 후에 들어가세요.

(3) 가 : 이 책 좀 봐도 돼요?
  나 : 네, 봐도 돼요.

(4) 가 : 사진을 찍어도 돼요?
  나 : 죄송합니다. 여기에서는 안 됩니다.

(5) 가 : _____?
  나 : 네, 해도 돼요.

(6) 가 : _____?
  나 : 안 돼요.

> **New Vocabulary**
>
> 잠시 short while

2 –(으)면 안 되다

- This is attached to a verb stem, and it means that some behavior is not allowed.

- This takes two forms depending on the last letter of the verb stem.
    a. If the verb stem ends in a vowel or the consonant ㄹ, -면 안 되다 is used.
    b. If the verb stem ends in a consonant other than ㄹ, -으면 안 되다 is used.

(1) 가 : 여기에서 사진을 찍어도 돼요? Is it okay if I take pictures here?
  나 : 안 돼요. No, it is not.

(2) 가 : 내일 모임에 안 가도 되지요?
  나 : 안 오면 안 돼요. 꼭 오세요.

(3) 가 : 이쪽으로 가면 안 돼요. 돌아가세요.

나 : 왜요? 공사 중이에요?

(4) 이 의자에 앉으면 안 돼요. 조금 전에 페인트를 칠했어요.

(5) 감기약을 먹고 _____.

(6) 비가 많이 와요. _____.

3 -지 말다

- This is attached to a verb stem, and it means "Do not do ~".

- Because this is a command, normally it is attached only to verb stems. However 아프다 (to be sick) is an exception.

(1) 가 : 들어가도 돼요? May I go in?

나 : 안 돼요. 들어오지 마세요. No, you may not. Do not come in.

(2) 가 : 버스를 타고 갈 거예요.

나 : 버스를 타지 마세요. 길이 많이 막혀요.

(3) 가 : 내일 약속이 몇 시예요?

나 : 두 시예요. 늦지 마세요.

(4) 밖에 나가지 말고 푹 쉬세요.

(5) 아기가 자요. _____.

(6) 밀써 12시예요. _____.

4 -(으)ㄴ 후에

- This is attached to a verb stem, and it means "after (doing) ~".

- This takes two forms depending on the last letter of the verb stem.

  a. If the verb stem ends in a vowel or the consonant ㄹ, -ㄴ 후에 is used.

  b. If the verb stem ends in an consonant other than ㄹ, -은 후에 is used.

  수업이 끝난 후에 만나요. Let's meet after class ends.

  밥을 먹은 후에 이 약을 드세요. Take this medicine after you have a meal.

- In conversations, -고 나서 is often used instead of -(으)ㄴ 후에.

  수업이 끝나고 나서 갈게요. I will go after class ends.

  밥을 먹고 나서 이 약을 드세요. Take this medicine after you have a meal.

(1) 학교를 졸업한 후에 뭘 할 거예요? What will you do after graduating from school?

(2) 이 책이 아주 재미있어요. 내가 읽은 후에 빌려 줄게요.

New Vocabulary

이따가 a little later
씻다 to wash

(3) 이따가 수업이 끝나고 나서 만나요.

(4) 저는 이 일을 다 하고 나서 갈게요.

(5) 손을 씻은 후에 _____.

(6) _____ 만납시다.

5 -기 전에

● This is attached to a verb stem, and it means "before (doing) ~".

(1) 손님이 오기 전에 청소합시다. Let's clean before customers come.

New Vocabulary

아침밥 breakfast

(2) 나는 자기 전에 우유를 한 잔 마셔요.

(3) 한국에 오기 전에 무슨 일을 했어요?

(4) 오늘은 린다 씨 생일이에요. 그래서 린다 씨 집에 가기 전에 선물을 사야 돼요.

(5) 저는 아침밥을 먹기 전에 _____.

(6) _____ 빨리 갑시다.

MEMO

Listening Transcript 듣기 대본

제1과 자기소개

CD1. track 10

1

1) 가: 학생이에요?

　나: 네, 학생이에요.

2) 가: 수미 씨는 회사원이에요?

　나: 아니요, 저는 선생님이에요.

3) 가: 일본 사람이에요?

　나: 아니요, 중국 사람이에요.

4) 가: 어느 나라에서 왔어요?

　나: 호주에서 왔어요.

2

1) 안녕하십니까? 저는 마이클 프린스입니다.

　미국에서 왔어요. 저는 회사원이에요.

2) 안녕하십니까? 저는 주자명이에요.

　중국에서 왔어요. 저는 대학생이에요.

3

수잔 리: 안녕하세요. 저는 수잔 리예요.

타우픽: 안녕하세요. 저는 타우픽입니다.

수잔 리: 타우픽 씨는 어느 나라에서 왔어요?

타우픽: 저는 태국에서 왔어요.

　　　수잔 씨는 어느 나라에서 왔어요?

수잔 리: 저는 캐나다에서 왔어요.

타우픽: 학생이에요?

수잔 리: 아니요, 저는 회사원이에요.

　　　타우픽 씨는 학생이에요?

타우픽: 네, 저는 대학원생이에요.

제2과 일상생활 I

CD1. track 13

1

1) 가: 어디 가요?

　나: 학교에 가요.

2) 가: 어디 가요?

　나: 식당에 가요.

3) 가: 은행에 가요?

　나: 네, 은행에 가요.

4) 가: 회사에 가요?

　나: 아니요, 우체국에 가요.

2

1) 가: 지금 뭐 해요?

　나: 커피를 마셔요.

2) 가: 무엇을 해요?

　나: 음악을 들어요.

3) 가: 텔레비전을 봐요?

　나: 아니요, 신문을 읽어요.

4) 가: 전화를 해요?

　나: 네, 전화를 해요.

3

마이클 : 유코 씨, 오늘 뭐 해요?

유　코 : 한국어를 공부해요. 그리고 친구를 만나요.

　　　　마이클 씨는 뭐 해요?

마이클 : 나는 편지를 써요. 그리고 우체국에 가요.

제3과 물건 사기

CD1. track 16

1

1) 가: 아저씨, 우유 있어요?

　나: 네, 있어요.

2) 가: 콜라 한 병 주세요.

　나: 여기 있어요.

3) 가: 아저씨, 라면 있어요?

　나: 네, 있어요.

　가: 그러면, 라면 세 개 주세요.

4) 가: 비누 한 개 주세요.

　나: 여기 있어요.

　가: 그리고 휴지 한 개 주세요.

2

1) 가: 뭘 드릴까요?

　나: 라면 세 개하고 콜라 한 병 주세요.

2) 가: 비누 있어요?

　나: 네, 있어요.

　가: 비누 두 개 주세요. 그리고 휴지 네 개 주세요.

3

점원: 어서 오세요. 뭘 드릴까요?

손님: 라면 있어요?

점원: 네, 있어요.

손님: 얼마예요?

점원: 천 원이에요.

손님: 그러면 라면 세 개하고 치약 한 개 주세요.

점원: 여기 있어요. 모두 오천오백 원입니다.

손님: 여기 있어요.

제4과 일상생활 Ⅱ

CD1. track 19

1

1) 가: 어제 공원에 갔어요?

　나: 아니요, 오늘 갔어요.

2) 가: 마이클 씨, 한국어 수업이 언제 있어요?

　나: 오후에 있어요.

3) 가: 몇 시에 일어나요?

　나: 여섯 시에 일어나요.

2

아만다: 케빈 씨, 오늘 바빠요?

케　빈: 네, 좀 바빠요.

아만다: 수업이 있어요?

케　빈: 네, 한국어 수업하고 역사 수업이 있어요.

아만다: 몇 시에 끝나요?

케　빈: 네 시에 끝나요.

아만다: 그러면 저녁에 시간 있어요?

케　빈: 미안해요. 저녁에도 시간이 없어요.

제5과 위치

CD1. track 22

1

1) 가방이 책상 위에 있어요.

2) 텔레비전이 침대하고 책상 사이에 있어요.

3) 침대 위에 고양이가 있어요.

4) 거울이 시계 앞에 있어요.

2

1) 가: 커피숍이 어디에 있어요?

　나: 식당 위에 있어요.

2) 가: 극장이 어디에 있어요?

　나: 서점 옆에 있어요.

3) 가: 우체국이 사진관 밑에 있어요?

　나: 아니요, 사진관하고 백화점 사이에 있어요.

4) 가: 병원이 어디에 있어요?

　나: 은행 건너편에 있어요.

3

가: 영미 씨, 이 근처에 우체국이 있어요?

나: 네, 있어요. 저기 서울 빌딩 보여요?

가: 네, 보여요.

나: 서울 빌딩 앞에서 길을 건너가세요.

가: 서울 빌딩 앞에서 길을 건너가요?

나: 네, 서울 빌딩 건너편에 서점이 있어요.

　　우체국은 서점하고 병원 사이에 있어요.

제6과 음식

CD2. track 3

1

1) 가: 영진 씨, 뭐 먹을래요?

　나: 저는 삼계탕을 먹을래요. 민정 씨는 뭐 드실래요?

　가: 저는 된장찌개를 먹을래요.

　나: 여기요, 삼계탕 하나, 된장찌개 하나 주세요.

2) 종업원: 뭘 드시겠어요?

　손님 1: 저는 비빔밥을 주세요.

　손님 2: 저는 김밥 주세요.

　종업원: 비빔밥 하나, 김밥 하나요? 잠시만 기다리세요.

3) 가: 민정 씨, 뭐 마실래요?

　나: 저는 커피 마실래요. 영진 씨는 뭐 마실래요?

　가: 저도 커피 마실래요. 여기요, 커피 두 잔 주세요.

2

종업원: 뭐 드시겠어요?

케　빈: 잠시만요, 영진 씨, 우리 불고기 먹을래요?

영　진: 아니요. 어제도 불고기를 먹었어요.

　　　　오늘은 찌개를 먹을래요.

케　빈: 그래요? 그럼 무슨 찌개를 먹을래요?

영　진: 음, 김치찌개 먹을래요. 케빈 씨는요?

케　빈: 김치찌개는 좀 매워요. 저는 된장찌개를 먹을래요.

　　　　여기 김치찌개하고 된장찌개 주세요.

제7과 약속

CD2. track 6

1

1) 가: 린다 씨, 토요일에 시간 있어요?

　나: 토요일에는 바빠요. 일요일에는 시간이 있어요.

　가: 그럼 일요일에 만나요.

3

마이클: 여보세요. 거기 김수미 씨 집이지요?
린 다: 네, 그런데요.
마이클: 김수미 씨 좀 부탁합니다.
린 다: 실례지만 누구세요?
마이클: 저는 수미 씨 친구 마이클입니다.
린 다: 네, 잠깐만 기다리세요.
　　　 수미 씨, 전화 받으세요.
수 미: 여보세요.
마이클: 수미 씨, 저 마이클이에요.
수 미: 아, 마이클 씨. 웬일이에요?
마이클: 수미 씨, 이번 주 토요일에 시간 있어요?
　　　 저하고 사토 씨는 등산을 갈 거예요.
　　　 수미 씨도 같이 갈래요?
수 미: 같이 가고 싶어요.
　　　 그런데 저는 토요일에 학교에 가야 돼요.
마이클: 그래요? 그럼 다음에 같이 가요.
　　　 또 전화할게요.
수 미: 네, 고마워요. 안녕히 계세요.
마이클: 네, 안녕히 계세요.

제12과 취미

CD2. track 21

1

1) 가: 등산 좋아해요?
　 나: 네, 등산하는 것을 좋아해요.
2) 가: 취미가 뭐예요?
　 나: 제 취미는 사진 찍는 거예요.
3) 가: 취미가 뭐예요?
　 나: 음악을 듣는 것이에요.
4) 가: 영화 보는 것을 좋아해요?
　 나: 네, 영화 보는 거 좋아해요.

2

1) 가: 춤추는 것을 좋아해요?
　 나: 아니요, 안 좋아해요. 그래서 거의 안 춰요.
　 가: 그럼 노래 부르는 것은 좋아해요?
　 나: 네, 노래를 부르는 것은 좋아해서 자주 불러요.
2) 가: 등산하는 것을 좋아해요?
　 나: 네, 등산하는 것이 제 취미예요.
　 가: 등산을 자주 가요?
　 나: 요즘은 바빠서 자주 못 가요. 대신 산책을 자주 해요.
3) 가: 테니스를 얼마나 자주 쳐요?

나: 일주일에 세 번쯤 쳐요.
　 가: 축구는 얼마나 자주 해요?
　 나: 축구는 일주일에 한 번쯤 해요.

3

가: 성준 씨는 취미가 뭐예요?
나: 내 취미는 테니스 치는 거예요.
　 중학교 때부터 테니스를 쳤어요.
가: 테니스를 자주 쳐요?
나: 네, 일주일에 세 번쯤 쳐요.
　 교코 씨, 주말에 같이 테니스 칠래요?
가: 나는 테니스를 못 쳐요.
　 그 대신 우리 영화 보러 가는 게 어때요?
나: 좋아요.

제13과 가족

CD2. track 24

1

1) 우리 가족을 소개하겠습니다. 저는 십 년 전에 결혼을 했습니다. 우리 가족은 아내와 아들 하나, 딸 둘, 그리고 저, 모두 다섯 명이에요.
2) 이것은 우리 가족 사진이에요. 할아버지, 부모님, 나, 그리고 남동생이에요. 할머니는 작년에 돌아가셨어요.
3) 우리 가족을 소개할게요. 할머니와 할아버지, 아버지와 나, 그리고 누나예요. 어머니는 안 계세요.

2

가: 사토 씨, 가족이 어떻게 되세요?
나: 아내와 딸 두 명이 있어요.
가: 지금 가족과 함께 서울에서 사세요?
나: 네.
가: 부모님은요?
나: 아버지는 삼 년 전에 돌아가셨고, 어머니는 일본에 계세요.
가: 그럼 언제 일본에 돌아가실 거예요?
나: 내년 칠월에 돌아갈 거예요.

3

안녕하세요? 린다 테일러예요. 우리 가족을 소개할게요. 우리 가족은 모두 네 명이에요. 부모님하고 언니 한 명이 있어요. 할아버지와 할머니는 모두 돌아가셨어요. 저는 지금 서울에서 한국어를 공부하고 있고, 부모님께서는 뉴욕에 사세요. 아버지는 의사이시고 어머니는 주부세요. 언니는 결혼해서 로스앤젤레스에 살아요.

제14과 우체국 · 은행

CD2. track 27

1

1) 가: 어떻게 오셨습니까?
  나: 미국에 편지를 보내려고 합니다.

2) 가: 소포를 보내려고 하는데요.
  나: 이 위에 올려놓으십시오.

3) 가: 돈을 찾으려고 하는데요.
  나: 그럼 이 신청서를 쓰고 서명하십시오.

4) 가: 어서 오십시오. 뭘 하실 겁니까?
  나: 환전을 하려고 합니다.

2

가: 어떻게 오셨습니까?
나: 통장을 만들려고 합니다.
가: 그러면 이 신청서를 쓰시고, 서명하십시오.
  그리고 신분증도 주십시오.
나: 여권도 괜찮지요?
가: 네, 괜찮습니다. 현금 카드도 만들어 드릴까요?
나: 네, 현금 카드도 만들어 주십시오.

3

가: 어서 오십시오, 뭘 하실 겁니까?
나: 일본으로 소포를 보내려고 합니다.
가: 이 위에 올려놓으십시오.
  오천구백 원입니다.
나: 여기 있습니다.
  그런데 일본까지 얼마나 걸립니까?
가: 사흘쯤 걸립니다.
  그런데 보내는 사람의 주소를 안 썼네요.
  여기에 보내는 사람의 주소를 쓰십시오.
나: 알겠습니다.

제15과 약국

CD2. track 30

1

1) 가: 어떻게 오셨어요?
  나: 배가 아파요.

2) 가: 어디가 아프세요?
  나: 허리가 아파요.

3) 가: 어떻게 아프세요?
  나: 팔이 아파요.

2

가: 여보세요. 사토 씨, 저 린다예요.
나: 아, 네. 린다 씨.
가: 사토 씨, 오늘 왜 학교에 안 왔어요? 아팠어요?
나: 네, 배가 좀 아팠어요.
  토하고 설사하고 정말 힘들었어요.
가: 그랬어요? 지금은 어때요?
나: 오전에 병원에 갔다 와서 지금은 괜찮아요.
가: 식사는 했어요?
나: 아니요. 오늘은 밥을 먹으면 안 돼요.
가: 그래요? 음, 그럼 오늘 푹 쉬세요.
  그리고 내일 학교에서 만나요.
나: 네, 걱정해 줘서 고마워요.

3

가: 어떻게 오셨어요?
나: 감기에 걸렸어요.
가: 어떻게 아프세요?
나: 목이 아프고 기침을 계속 해요.
가: 머리는 괜찮아요?
나: 머리도 좀 아파요.
가: 그러면 이 약을 드세요.
  밖에 나가지 말고 집에서 푹 쉬세요.

Answers 정답

제1과 자기소개

〔듣기〕

1 1)① 2)② 3)② 4)②

2 1) 미국, 회사원 2) 중국, 학생

3 1) 캐나다, 회사원 2) 태국, 대학원생

〔읽기〕

1 이름: 이진수, 직업: 회사원

2 이름: 김수미, 국적: 한국, 직업: 학생(대학생)

제2과 일상생활 I

〔듣기〕

1 1) d 2) e 3) a 4) b

2 1) c 2) a 3) b 4) f

3

	유코	마이클
학교에 가요.		
우체국에 가요.		√
친구를 만나요.	√	

〔읽기〕

1 (1) 식당(진주식당)에 가요. (2) 우체국에 가요.
(3) 가게(하나로 슈퍼)에 가요. (4) 학교(고려 대학교)에 가요.
(5) 은행(국민 은행)에 가요.

2 a, d

제3과 물건 사기

〔듣기〕

1 1) a 2) c 3) f 4) d, e

2 1)③ 2)②

3 1)④ 2)③

〔읽기〕

1 1) ○ 2) × 3) × 4) ×

제4과 일상생활 II

〔듣기〕

1 1)② 2)② 3)①

2 1)② 2)① 3)②

〔읽기〕

1

> 오늘은 오전에 수업이 있었어요. 열두 시에 수업이
> (○)   (○)
> 끝났어요. 나는 점심을 먹고 도서관에 갔어요. 그리
>   (○)
> 고 저녁 일곱 시까지 도서관에서 공부를 했어요. 그
>   (×)
> 리고 학교에서 삼십 분쯤 조깅을 했어요. 여덟 시쯤
>   (×)   (×)
> 집에 왔어요. 저녁을 먹고 경미 씨에게 편지를 써요.
>   (×)

제5과 위치

〔듣기〕

1 1) × 2) × 3) ○ 4) ×

2 1) c 2) a 3) f 4) d

3 c

〔읽기〕

1 c

제6과 음식

〔듣기〕

1 1)

김치찌개	
된장찌개	√
삼계탕	√
불고기	

2)

김밥	√
라면	
비빔밥	√
냉면	

3)

커피	√
우유	
주스	
콜라	

2 1) × 2) ○ 3) ○

〔읽기〕

1 1) a, b, d, e, f
2) (1) × (2) ○ (3) ○

2 1)① 2)④

제7과 약속

〔듣기〕

1 1)② 2)② 3)② 4)①

2 1)② 2)①

3 1)③ 2)③

〔읽기〕

1 1) 린다 씨하고 음악회에 같이 가고 싶어서 이메일을
보냈어요.
2) 토요일 오후 2시 30분, 극장 앞

제8과 날씨

〔듣기〕

1 1) g 2) f 3) c 4) e

2 1)② 2)③

3 1) × 2) × 3) ○

〔읽기〕

1 (1) ○ (2) ○ (3) × (4) ○

2 1) 4월, 송끄란 축제가 있어서
2)③

제9과 주말 활동

〔듣기〕

1 1) c   2) b   3) e   4) a
2 영진 = d , 린다 = a
3 1) 토요일 = 친구를 만나요. 일요일 = 집에서 쉬어요.
   2) (1) ×   (2) ○   (3) ×

〔읽기〕

1 (1) ×   (2) ○   (3) ○   (4) ○

제10과 교통

〔듣기〕

1 1) b   2) a   3) c   4) f
2 영숙 — 🚆 — 1시간,   교코 — 🚶 — 10분
3 a, c

〔읽기〕

1 1)

   지하철 6호선   지하철 2호선

   2) (1) ×   (2) ×

제11과 전화

〔듣기〕

1 1) 725-1439   2) 453-3028   3) 754-2510
   4) 3290-2741   5) 654-4300   6) 2178-9530
2 1) ∩   2) ×   3) ∩   4) ×
3 1) 수미 씨하고 등산을 가고 싶어서
   2) 마이클 씨는 등산을 갈 거예요.
      수미 씨는 학교에 가야 돼요.

〔읽기〕

1 ㉠ 또 다른 것(others)   ㉡ 더 많이(more)

제12과 취미

〔듣기〕

1 1) b   2) c   3) f   4) a
2 1) b   2) a   3) a
3 1) ②   2) ③   3) ②

〔읽기〕

1 1) ②
   2) (1) ×   (2) ○   (3) ×

제13과 가족

〔듣기〕

1 1) a   2) b   3) c
2 1) 두 명   2) 서울   3) 아버지
3 1) ×   2) ×   3) ×

〔읽기〕

1 (1) 한 명
   (2) 아버지 = 공무원, 어머니 = 선생님
   (3) 아니요, 같이 안 살아요.
   (4) 많아요. 그렇지만

제14과 우체국 · 은행

〔듣기〕

1 1) 편지를 보내다   2) 소포를 보내다
   3) 돈을 찾다   4) 환전하다
2 c
3 1) 소포   2) ②

〔읽기〕

1 1) 최동호 씨가 김영우 씨에게
   2) 받는 사람이 높은 사람일 때
2
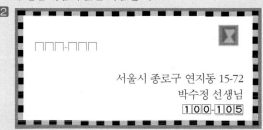
서울시 종로구 연지동 15-72
박수정 선생님
100-105

제15과 약국

〔듣기〕

1 1) b   2) a   3) d
2 1) ○   2) ○   3) ×   4) ×
3 1) a, d   2) a, c

〔읽기〕

1 1) (1) ○   (2) ○
   2) (1) ○   (2) ×   (3) ○
2 1) b, c, d   2) a, c

Glossary 찾아보기

ㄴ

ㄷ

ㄹ

ㅁ

273

275

ㅊ

ㅋ

ㅌ

집필위원　김정숙 ⟨*Kim, Chungsook*⟩
　　　　　　고려대학교 문과대학 국어국문학과 교수
　　　　　　주요 저서: 한국어 초급 쓰기(공저)
　　　　　　　　　　　외국인을 위한 한국어 문법(공저)

　　　　　　정명숙 ⟨*Jung, Myungsook*⟩
　　　　　　부산외국어대학교 한국어문학부 교수
　　　　　　주요 저서: 재미있는 한국어 1, 2, 3, 6(공저)
　　　　　　　　　　　한국어 초급 쓰기(공저)

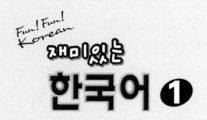

발행일　2008. 01. 30　초판　1쇄
　　　　　2020. 10. 23　초판 23쇄
지은이　고려대학교 한국어문화교육센터
발행인　박영규
발행처　㈜교보문고
총　괄　한상훈

신고번호　제 406-2008-000090호
주　소　경기도 파주시 교하읍 문발리 501-1
전　화　대표전화 1544-1900
　　　　　도서주문 02-3156-3681
　　　　　팩스주문 0502-987-5725

ISBN　978-89-7085-863-0　14710
　　　　978-89-93995-98-5　14710 (set)

Fun! Fun! Korean

재미있는 한국어 1

FEATURES:

- Provides intermediate learners with ample opportunities to have fun while studying Korean.

- Arranges lessons with authentic materials that focus on real situations learners will meet in a social communication.

- Helps learners to be familiarized with grammar structures or vocabulary not by giving simple explanation but by offering fun various speaking activities to do.

- Enables learners to communicate their thoughts in real situations naturally without even knowing it themselves.

www.kyobobook.co.kr

14710

9 788970 858630
ISBN 978-89-7085-863-0
ISBN 978-89-93995-98-5(set)

정가 28,000원